W0397453

LE SYNDROME DU WONDERPARENT

ANNE PEYMIRAT

LE SYNDROME DU WONDERPARENT

Travailler comme si on n'avait pas d'enfant et élever ses enfants comme si on n'avait pas de travail

PAYOT

Retrouvez l'ensemble des parutions
des Éditions Payot & Rivages sur

www.payot-rivages.fr

Couverture : Claire Morel-Fatio
© Éditions Payot & Rivages, Paris, 2022

À mon mari et à mes quatre enfants.

INTRODUCTION

J'ai tout essayé ou presque. J'ai jonglé pendant des années entre un travail prenant et des enfants en bas âge, j'ai travaillé des soirées voire des nuits entières, j'ai testé le temps partiel en quatre cinquième, et même en trois cinquième ; j'ai été salariée puis indépendante à mon compte. J'ai vécu l'impact de l'arrivée d'un enfant, puis deux puis trois et finalement quatre sur ma carrière. J'ai fait l'expérience de la maternité dans deux pays (en France et au Royaume-Uni), avec un mari présent, mais souvent en déplacement, et basé pendant des années à l'étranger. Cette variété de situations m'a permis de voir la conciliation sous des angles différents, mais toujours, elle m'est apparue comme une tâche difficile, voire insurmontable. J'ai si longtemps culpabilisé de ne pas être suffisamment là pour mes enfants ou, à l'inverse, de faire de mon travail la variable d'ajustement d'un quotidien surchauffé. Était-ce à dire que l'on ne pouvait être un parent heureux et un collaborateur épanoui ? J'avais le sentiment que ça devait être possible mais que moi je n'y arrivais pas.

Le mythe du wonderparent

La société a créé un mythe : celui du wonderparent, le parent actif qui arrive à tout concilier, le *super dad*, ou la *working mum* qui réussit tout. Soyons clairs, j'en ai fait le constat auprès de milliers de parents actifs : ce sont des utopies qui n'ont pour seule réalité tangible que la pression considérable qu'elles font peser sur les épaules des parents, toujours pris en défaut dans une sphère ou dans l'autre. Comment faire dans ces conditions pour ne pas culpabiliser, ne pas courir toute la journée et ne pas s'épuiser ? Combien de parents sont éreintés et démotivés, se disputent avec leur partenaire ou finissent par quitter un *job* intéressant ou renoncer à une promotion pour essayer de trouver du répit ? Que faire pour se sentir bien en tant que parent d'un côté et collaborateur de l'autre ? Le mythe ne soulève pas de questions, il projette une image idéalisée de la parentalité active. Il a produit le syndrome du wonderparent : puisque les parents n'y arrivent pas, ils culpabilisent et ne se sentent pas à la hauteur, pensant qu'ils n'en font pas assez pour les enfants et professionnellement ; résultat, ils se sentent nuls au travail et/ou à la maison. Pourquoi en sommes-nous collectivement arrivés là et comment sortir de cette impasse délétère au plan personnel comme sociétal ?

Avant d'avoir mes enfants, tout me paraissait simple. Mon travail chez Accenture – un grand cabinet de conseil – me plaisait : je voyageais, j'apprenais des choses tous les jours, j'aimais l'ambiance avec mes collègues, j'avais le sentiment d'être appréciée et valorisée, et cela se reflétait dans mes évaluations et ce que les *partners*[1] disaient de moi. Bref, ma vie professionnelle se présentait bien avec une carrière toute tracée. Ça a commencé insidieusement avec une fausse couche qui s'est déclarée au travail, un départ d'une réunion client dans la précipitation, quelques jours d'absence sans explication donnée à mes collègues et mes équipes. Quelques mois plus tard, une grossesse avec son lot de petites misères, des nausées qui me faisaient quitter des réunions précipitamment, des déjeuners entre collègues où je ne parlais pas beaucoup tant j'étais écœurée. Déjà un sentiment étrange commençait à m'envahir, je n'étais plus si impliquée, il me tardait de partir en congé maternité. J'ai eu mon fils et au retour, j'ai voulu reprendre comme si de rien n'était, sur le même rythme. Une collègue proche, qui avait eu un enfant à peu près en même temps que moi et me parlait de la naissance de son fils, arrivé « comme une lettre à la poste », se réjouissait, quelques jours seulement après l'accouchement, de pouvoir enfiler sans difficulté ses anciens jeans. J'avais l'impression de mon côté d'avoir échoué avec ma césarienne non prévue et mes vêtements d'avant-grossesse encore bien trop serrés. Mais ce premier écueil ne m'arrêta pas et je fus bientôt promue manager. C'est là que tout se mit vraiment à dérailler : je peinais à tout faire au travail et à la maison. Très vite, j'ai demandé un quatre-cinquième, obtenu sans aucune difficulté ; mon manager, très compréhensif, faisait même en sorte qu'il n'y ait pas de réunion importante sur mon jour d'absence – ce qui n'est vraiment pas la norme, je m'en suis rendu compte par la suite. Jusque-là,

1. Associés du cabinet.

rien à redire, tout semblait suivre son cours. Mais au fond de moi, le doute commençait pourtant à faire son chemin. J'avais plus de difficultés à suivre le rythme en étant en quatre cinquième, et j'avais l'impression d'abandonner mon fils tous les matins. Étais-je aussi performante qu'avant ? Et, à l'inverse, mon fils recevait-il suffisamment d'attention de ma part ?

Ces doutes se sont amplifiés avec l'arrivée de mon deuxième fils, qui a coïncidé avec ma promotion en tant que *senior manager*, dernière étape avant le *partnership*. Finalement, le virage s'est fait au Royaume-Uni. Mon mari avait une belle opportunité professionnelle exigeant un déménagement à Londres. J'avais déjà travaillé pour deux bureaux d'Accenture (à Kuala Lumpur en Malaisie avant d'avoir mes enfants et à Paris). Pourquoi ne pas demander mon transfert au bureau de Londres ? Réflexion faite, et avec l'accord des ressources humaines, j'embarquais pour l'Angleterre avec mon mari et nos deux enfants. Mes déplacements ont repris, ceux de mon mari aussi... Seulement cette fois-ci, pas de parents sur place pour garder les enfants lorsque nous étions absents tous les deux. Ma fille (et troisième enfant) est née à Londres et j'ai bénéficié d'un an de congé maternité – des conditions généreuses offertes par Accenture. J'ai profité de ce temps pour revenir à un sujet qui me préoccupait depuis quelque temps. J'avais l'impression que mes enfants n'étaient pas arrivés avec le mode d'emploi et que je n'étais pas ce parent parfait et calme que j'avais imaginé. La pression que je me mettais pour assurer au travail empiétait sur ma relation avec mes enfants, et je trouvais cela intenable. Je me posais de plus en plus de questions sur mes capacités à mener de front ma carrière – que j'adorais – et ma vie familiale – qui était essentielle, évidemment, pour moi. En discutant avec des collègues – notamment des femmes –, je m'apercevais que cette souffrance – car c'en était une – était partagée : nous étions empêtrées dans des impératifs d'excellence que la société nous imposait sans nous offrir les moyens nécessaires pour sentir un apaisement de part et d'autre. J'ai alors découvert l'approche Calmer Parenting après la rencontre avec Noel Janis Norton, qui a fondé ce mouvement de parentalité active. En appliquant ces préceptes, j'ai vu ma vie de famille – pourtant agrandie d'un quatrième enfant – et mon quotidien s'apaiser. Ce fut une révélation.

Impressionnée par les résultats et passionnée par le sujet, je décidai alors de me former et de me lancer à mon tour dans l'accompagnement parental en lien avec l'objectif professionnel. Justement pour sortir de la spirale infernale et dévalorisante du syndrome du wonderparent : nous sommes sans cesse sommés de donner le maximum à nos enfants et à notre travail, la société l'exige, et cette pression m'est devenue insupportable. Je veux aujourd'hui, par mon travail depuis plus de quinze ans, permettre aux parents actifs d'être fiers de ce qu'ils accomplissent au quotidien, dans leur travail et à la maison, et de gagner en épanouissement aussi bien dans leurs rapports avec leurs enfants que dans la sphère professionnelle.

L'aporie du mode de vie des parents actifs

Devenir parent lorsque l'on travaille est une véritable révolution personnelle et professionnelle. Entre contraintes organisationnelles, conflits d'agenda et charge familiale, la vie est complètement à réinventer, sans que la société jamais ne semble en avoir conscience, ce qui participe à la culpabilisation des parents actifs. Avec moins de temps, une fatigue importante et un environnement souvent peu aidant au travail, les parents actifs ont de nombreux défis à relever pour tenter de tout concilier. Il faut s'adapter lors de l'arrivée de l'enfant, et à mesure qu'il grandit. La conciliation se joue dans la durée bien au-delà des trois premières années sur lesquelles les politiques publiques et les avantages des entreprises se concentrent souvent. À chaque étape du développement de l'enfant et de la famille, on doit changer l'organisation : l'entrée à l'école, les devoirs, les activités extrascolaires, l'adolescence, l'arrivée d'un autre enfant, une séparation, etc. Chaque phase exige de nouveaux aménagements dans sa vie personnelle. Professionnellement, l'arrivée d'un enfant est aussi un bouleversement. On passe de collègue disponible, flexible, ouvert, prêt à donner de son temps et de son énergie, à un collaborateur ou une collaboratrice avec peu de disponibilité et cherchant l'ultra-performance, l'optimisation de son temps pour descendre sa *to do* liste quotidienne au plus vite. Du jour au lendemain, on doit ajouter plusieurs heures à sa journée pour s'occuper de son enfant et faire son travail. Il faut alors tenter de tout comprimer pour faire rentrer charge professionnelle, familiale et temps personnel dans une journée qui était déjà très remplie avant même l'arrivée du bébé.

En France, huit salariés sur dix sont parents, les enjeux de la parentalité active sont donc de taille, avant tout pour chacun mais aussi pour l'entreprise et la société. Ces enjeux recouvrent le bien-être du parent, celui de ses enfants, sa vie de couple, son sentiment d'accomplissement et bien sûr ses revenus financiers. Mais ils sont aussi nombreux côté entreprise : ils touchent à la qualité de vie au travail, à l'efficacité des équipes, à leur motivation et à leur engagement. Enfin, pour la société, les enjeux sont colossaux également : avoir des parents actifs qui réussissent à s'occuper de leurs enfants, à assurer un suivi scolaire régulier et à être présents est capital. De même qu'il est crucial d'avoir dans sa population active des personnes formées, compétentes et de ne pas les perdre en route alors qu'elles souhaiteraient travailler mais n'y parviennent plus du fait de leur parentalité.

Or il apparaît que la société n'offre pas les conditions favorables à l'épanouissement de chacun – je parle pour les gens disposant déjà d'un travail leur offrant un revenu minimum. En effet, mon parcours et mes interrogations m'ont fait prendre conscience qu'il n'existait pas de modèle sociétal pensé en amont pour accueillir les enfants dès lors que les deux parents travaillent ou pour un parent actif solo.

Je m'explique : les femmes, longtemps cantonnées à la sphère domestique, ont conquis le droit de travailler ; après les remous que l'on sait, la société a fini par l'accepter ; seulement, elle n'a pas « digéré » ce progrès notoire des droits des femmes : rien n'a changé ou presque pour faciliter la vie des parents qui travaillent – j'y reviendrai plus longuement bien sûr. L'arrivée massive des femmes dans la sphère professionnelle aurait dû conduire à un changement notable des mentalités, en premier lieu dans notre rapport au travail, puisque si les femmes sont au travail elles sont nécessairement moins à la maison. Or cette révolution des modes de vie des femmes n'a entraîné aucun changement majeur dans notre manière de travailler : dès lors, les parents actifs en sont réduits à vivre avec le sentiment éreintant de ne jamais être totalement à leur place. En somme, ils sont condamnés à se bricoler une vie de parents au milieu de leur vie professionnelle, ou bien, à l'inverse, une vie professionnelle au milieu de leur vie familiale.

Ce livre a pour objectif de donner des outils aux parents actifs pour faire descendre la pression et gagner en épanouissement tant personnel que professionnel dans ce contexte difficile : en attendant que la société daigne muter pour donner place à un mode de vie soutenable, nous en sommes tous réduits à bidouiller. Or, de par mon parcours professionnel et personnel, j'ai acquis quelques convictions et expériences qui peuvent être d'un grand secours, il me semble, pour tous les parents actifs qui souffrent en silence et tentent l'impossible chaque jour : être le meilleur parent tout en étant un professionnel au top. À défaut bien sûr d'être une mère parfaite et une travailleuse absolument comblée, j'ai toutefois la satisfaction d'avoir trouvé un équilibre qui me permet de ne plus subir les injonctions à la performance et à la super-efficacité qui pèsent sur tous : je me suis libérée du syndrome du wonderparent en faisant des choix, de manière à privilégier mes objectifs profonds.

Comment déculpabiliser face à toutes les injonctions d'une société à la recherche de toujours plus d'efficacité ? Comment veiller au bien-être des enfants lorsque le temps à leur côté est limité ? Comment garder un travail motivant sans pouvoir y consacrer tout son temps ? Nous allons explorer des pistes pour surmonter l'impasse créée par la société afin que chacun, homme et femme, puisse trouver un meilleur équilibre entre sa vie professionnelle et sa vie familiale. Après avoir mis au jour toute la panoplie des outils pour se ménager un quotidien plus épanouissant, nous irons voir du côté des entreprises et de la société pour déterminer ensemble les leviers de réalisation effective de la mutation nécessaire du rapport au travail, pour une vraie conciliation entre vie professionnelle et vie de famille. L'objectif de ce livre est de vous offrir une meilleure compréhension du système qui vous met dans l'impasse et de vous donner des outils pour faire baisser la pression de votre quotidien et réinjecter du plaisir dans votre vie familiale et professionnelle. De là, vous découvrirez comment amorcer le changement sociétal dans les entreprises, au sein de vos équipes et de la société tout entière, pour que la parentalité active, qui est le quotidien de 80 % des travailleurs, ne rime plus avec épuisement et culpabilité.

La démarche que je propose dans ces pages entend respecter le souhait de chacun : il n'y a pas de modèle de réussite prédéfini, c'est à vous de vous construire un modèle qui vous convienne.

Cet ouvrage vous propose dans un premier temps de mieux comprendre l'évolution sociétale qui a débouché sur ce modèle intenable. Ce développement historique permet de mettre en perspective son cas individuel ; nous sommes tous condamnés à bricoler, et en prendre conscience est un premier pas vers la dédramatisation d'une part, et le respect de soi d'autre part. Je vous invite ensuite à définir vos objectifs profonds, en tant que parents et en tant que professionnels, de manière à faire affleurer un rôle modèle qui vous convienne absolument : il s'agit là d'identifier vos besoins et de savoir là où vous voulez aller personnellement et professionnellement. À cette étape, vous trouverez des outils pour prendre du recul, vous éloigner des stéréotypes, vous appuyer sur les codes de l'entreprise si vous êtes salarié(e), trouver votre organisation et surtout déculpabiliser. Des techniques de parentalité vous permettront aussi de mieux vivre au quotidien avec vos enfants en passant d'une parentalité subie à une implication active et plus épanouissante. Enfin, on verra comment, dans un avenir désirable et, je l'espère, pas si lointain, nous pouvons tous faire avancer notre cause de parents actifs pour qu'enfin la société tienne compte de nos difficultés et opère les mutations nécessaires pour nous rendre la vie plus facile : on examinera ainsi les outils et mesures existant ou qui pourraient être mis en place en entreprise ou voté à l'Assemblée afin de faire du XXIe siècle le siècle qui permettra aux femmes comme aux hommes de trouver leur place au travail, à la maison et auprès de leurs enfants, pour le bonheur de tous.

PREMIÈRE PARTIE

Le syndrome du wonderparent

L'image de la *wonder woman* ou de la *working mum* et du *super dad* donne l'illusion que l'on peut être une collaboratrice ou un collaborateur qui réussit tout professionnellement et un parent idéal avec des enfants parfaits. Le quotidien nous montre clairement que ce n'est pas réaliste, qu'il s'agit là d'une construction sociale qui n'est pas atteignable. Cela génère beaucoup de culpabilité et engendre un véritable traumatisme pour les parents actifs. Comment en est-on arrivé à créer ce mythe ? Quelles en sont les conséquences sur les représentations parentales et professionnelles ? Et quels sont les impacts sur le quotidien des personnes concernées ?

La construction d'un modèle sociétal intenable pour les parents

La société nous a transmis l'idée que travailler et avoir une famille est un non-sujet. Pourtant, le modèle familial avec deux parents actifs est relativement récent. Et tout parent actif éprouve au quotidien la difficulté de mener de front l'éducation de ses enfants et une carrière professionnelle satisfaisante. Comment en est-on arrivé à créer un modèle de société intenable ? Une perspective historique permet d'appréhender mieux les transformations qui ont amené à une parentalité active si difficile. Nous verrons notamment comment les femmes se sont battues au XXe siècle pour l'égalité des droits et leur accession à la sphère du travail, comment les inégalités hommes-femmes ont perduré malgré ces progrès notables, et enfin comment la transformation qui aurait dû s'ensuivre de notre rapport collectif au travail n'a pas eu lieu, rendant extrêmement difficile la vie des parents actifs – et particulièrement celle des mères.

L'avancée tardive mais fulgurante des droits des femmes au XXe siècle

La révolution industrielle au XIXe siècle est à l'origine du modèle moderne de l'homme à l'usine et de la femme au foyer. Les femmes tiennent la maison et les hommes sont au travail. Elles s'occupent des tâches domestiques, des enfants et de leur éducation. Elles effectuent souvent en sus un travail non rémunéré et invisible : des travaux agricoles à la ferme, de la couture parfois payée à la tâche, elles aident des personnes âgées... Au début du XXe siècle, 65 % des femmes sont ainsi à la maison, seulement 35 % ont un emploi rémunéré[1].

Le travail féminin rémunéré prend son essor lors des deux guerres mondiales. Dans l'urgence, il faut remplacer dans les emplois industriels et tertiaires les hommes partis à la guerre. Massivement, les femmes se rendent dans les usines, participent à l'effort de guerre dans l'armée comme dans le civil. Le mouvement est lancé. Il s'accélère à partir des années 1960 : les femmes s'émancipent et sont de plus en plus nombreuses à exercer un travail rémunéré. Ainsi, au début des années 1970, la moitié des femmes âgées de 25 à 59 ans sont actives[2]. Ce mouvement se poursuit et la part des femmes actives

1. Sur une population de 36,4 millions – dont 18,2 millions de femmes en 1901 –, 6,8 millions d'entre elles sont actives. Voir Margaret Maruani et Monique Meron, *Le Travail des femmes dans la France du XXe siècle*, Paris, La Découverte, 2012.

2. Insee, *L'activité féminine en France* : https://www.insee.fr/fr/statistiques/1376348?sommaire=1376355

atteint 70 % en 2021[3]. Ce pourcentage est à peu près stable sur les dernières années. Aujourd'hui, le monde du travail en France est à 48 % féminin[4].

En un siècle, la grande majorité des femmes en âge de travailler sont ainsi entrées dans le monde du travail rémunéré. Le modèle traditionnel a changé. La femme n'est plus mère au foyer, elle aussi est active et contribue financièrement au ménage. Le monde du travail a donc évolué en s'ouvrant aux femmes, accédant aux revendications de ces dernières pour plus d'indépendance financière et davantage d'investissement intellectuel, politique, économique[5].

Or, si les femmes ont déserté la sphère domestique et que les hommes travaillent toujours autant, qui prend le relais à la maison ? En effet, cette révolution des mœurs aurait dû s'accompagner d'une

---

3. Insee, Tableau de bord de l'économie française, égalité femmes-hommes2022 :https://www.insee.fr/fr/outil-interactif/5367857/tableau/40_SOC/44_EGF

Ainsi, en 2002, trois femmes sur quatre âgées de 25 à 59 ans déclaraient travailler ou rechercher un emploi, alors qu'elles étaient 50 % à le faire en 1970. Article Insee : *Économie et statistique* n° 398-399 (2006)

https://www.insee.fr/fr/statistiques/1376355

4. Insee, *Femmes et hommes, l'égalité en question*, 2017 : https://www.insee.fr/fr/statistiques/6047733?sommaire=6047805

5. Ainsi, en 1945, les femmes obtiennent le droit de vote. En 1946, une première femme, Germaine Poinso-Chapuis, devient ministre, puis une seconde en 1974 : Simone Veil. En 1965, les femmes gagnent le droit de signer un contrat de travail sans l'autorisation de leur mari. En 1967, la contraception est autorisée avec la loi Neuwirth. En 1970, elles obtiennent l'autorité parentale conjointe et en 1974, l'autorisation de recourir à l'interruption volontaire de grossesse (loi Veil).

révolution de la société tout entière : si les deux parents travaillent, soit la société doit faciliter la prise en charge des enfants et de la gestion domestique, soit le travail doit occuper moins de temps dans la journée des parents pour leur permettre d'assurer ce qui représentait un travail non rémunéré mais à temps complet pour les femmes avant leur émancipation... Mais rien n'a bougé !

Le rôle des parents : un impensé sociétal

« Comment faire pour être en forme après une mauvaise nuit de sommeil ? » C'est la question qu'une collaboratrice m'a posée lors d'une session de formation que je donnais dans une grande entreprise. Cette question est un symptôme flagrant de la non-digestion collective des mutations récentes de la société : cette mère, en me la posant, pense qu'il y a une recette pour être performante au travail quand on n'a peu ou pas dormi de la nuit à cause d'un nourrisson. Mais non, bien sûr que non, il n'y a pas de réponse à cette question ! Sans sommeil, on peut faire illusion un peu, mais certainement pas donner le meilleur de soi-même. Et quand on vient d'avoir un enfant, la plupart du temps, il ne fait pas ses nuits avant deux ou trois mois, et c'est ainsi : un nourrisson trouve ses marques et son rythme en quelques semaines, il est parfaitement normal physiologiquement qu'un nourrisson ne fasse pas ses nuits. Cette mère se trouve donc dans l'impasse que la société a édifiée à tous les parents actifs ; et comme cette impasse se double d'un déni collectif, elle conduit cette jeune mère à penser qu'elle devrait y arriver, qu'il y a des réponses à cette question, que si elle n'arrive pas à être performante après une mauvaise nuit à cause de son enfant, c'est parce qu'elle est nulle : elle pèche donc par sa seule faute sur l'autel de la réussite professionnelle et familiale attendue.

Les progrès des droits des femmes sont réjouissants, mais ils auraient dû engendrer une transformation profonde de nos modes de vie, notamment parce que l'on ne peut pas être à la fois à la maison et au travail tel que ce dernier se pratique aujourd'hui. La « désertion » de la sphère domestique par les femmes n'a été nullement contrebalancée : les parents ont juste dû faire deux journées en une. Aujourd'hui, deux tiers des enfants vivent dans une famille où les deux parents sont en emploi et ce chiffre est en constante augmentation[6]. Mais cette réalité est déniée collectivement : on fait croire aux parents qu'il est tout à fait naturel de mener de front la charge parentale et une carrière professionnelle exigeante.

De cet impensé sociétal découlent deux conséquences. La première est un temps réduit avec les enfants et la seconde une pression forte au travail. Côté famille, les deux parents travaillent et ont peu de temps à consacrer à leurs enfants, entre les journées de travail à rallonge et les temps de transport. Le matin, les réunions commencent la plupart du temps avant que le parent n'ait pu déposer son enfant à la crèche ou à l'école et se rendre au travail.

6. Insee, France, portrait social 2020 : https://www.insee.fr/fr/statistiques/4797654?sommaire=4928952

Le soir, les derniers calls et échanges d'email se font dans de nombreuses entreprises bien après la sortie de l'école et même le dîner de l'enfant. Lorsque le parent est enfin avec ses enfants, il doit enchaîner les courses, le repas, le bain, les devoirs, le coucher sans même pouvoir prendre cinq minutes pour lui ou se poser avec son enfant et passer un bon moment. Côté travail, il faut faire plus avec moins de temps, être mieux organisé, toujours plus efficace, le tout sans tenir compte de soi. Le rythme effréné du monde de l'entreprise avec ses réunions qui s'enchaînent sans pause et ses centaines d'emails quotidiens est impossible à suivre pour le parent actif qui doit arrêter sa journée pour rentrer à la maison. Celui-ci en ressort avec un sentiment de culpabilité et d'insatisfaction de donner autant sans même réussir à bien faire d'un côté ou de l'autre. Ne pouvant pas tout faire parfaitement à la maison et au travail, le parent actif semble condamné à avoir une vie de famille vacillante et une carrière professionnelle limitée. Et il porte toute la responsabilité de ce piètre résultat atteint après des efforts quotidiens colossaux. De quoi voir son estime de soi fondre comme neige au soleil...

Or il semble bien que la responsabilité de ces échecs relatifs ne revienne pas au parent actif : rien n'est fait pour faire évoluer l'organisation familiale et/ou professionnelle et prendre en compte effectivement la désertion des femmes de la sphère domestique et leur arrivée massive dans la sphère professionnelle. Il n'y a pas de débat public sur la question du temps de travail et du temps de vie familiale. On en arrive à se dire que la situation est normale, que c'est juste une question d'organisation optimale et de bonne volonté. Dès lors, c'est aux parents actifs de gérer leur culpabilité et leur stress : on préfère faire peser sur les épaules de chaque individu cette douloureuse responsabilité plutôt que d'en faire un véritable problème de société.

Une pression largement portée par les femmes

Si la pression pèse sur tous les parents, qu'ils soient pères ou mères, on constate néanmoins que les réponses apportées sont souvent très genrées – et que la charge de ce tabou sociétal pèse bien davantage sur les épaules des femmes que sur celles des hommes. Là encore, l'histoire et les évolutions sociétales jouent un rôle déterminant. Comme on l'a vu, les femmes se sont émancipées, ce sont donc elles qui ont dû subir les conséquences de cette victoire : elles s'occupaient auparavant de la sphère domestique ; culturellement et historiquement, la responsabilité et le savoir-faire dans cette sphère leur échoient ; de plus, les hommes n'ont que peu changé leurs comportements du fait de l'entrée de leurs épouses dans le monde du travail. Résultat, les femmes ont gardé un rôle prédominant auprès des enfants et dans la gestion du foyer. De ce grand écart découlent plusieurs déséquilibres entre les pères et les mères.

Les femmes toujours en charge de la sphère domestique

Le premier concerne l'organisation familiale. La répartition genrée des tâches dans la sphère privée telle qu'on la trouvait au début du XXe siècle perdure. Lorsque les femmes étaient principalement à la maison, elles réalisaient la quasi-totalité du travail domestique et familial. L'organisation était claire : d'un côté, les travaux ménagers et l'éducation des enfants pour la mère, de l'autre, la rémunération et éventuellement quelques travaux de bricolage et de jardinage pour le père. Ce modèle a peu évolué lorsque les femmes ont commencé à avoir des emplois rémunérés puisque, aujourd'hui, elles réalisent encore plus des deux tiers du travail domestique et familial[7]. Elles y consacrent quotidiennement en moyenne deux fois plus de temps que leur conjoint : une femme passe près de 4 heures 30 par jour au ménage et au soin des enfants alors qu'un homme y passe 2 heures 15. En comparaison, dans les années 1980, la sphère domestique et familiale donnait 5 heures 30 de travail aux femmes contre à peine plus de 2 heures pour les hommes : en trente ans, l'évolution est laborieuse, comme on peut le constater. Et aucun facteur ne semble changer la donne. Notamment, le fait que les femmes soient plus diplômées ne joue pas sur leur charge domestique, celle-ci ne s'étant

---

7. Insee, « Le temps domestique et parental des hommes et des femmes : quels facteurs d'évolutions en 25 ans », 2015 : https://www.insee.fr/fr/statistiques/1303232?sommaire=1303240

réduite en moyenne que d'une minute par jour sur la période étudiée (1985-2010)[8].

En observant spécifiquement les tâches de la sphère domestique, on pourrait avoir l'illusion que l'avènement de l'électroménager, du service à la personne, du tout jetable[9], des plats tout faits donne du répit aux femmes qui s'occupent de ces tâches. Mais les chiffres ne montrent pas une évolution significative. D'un côté, elles passent certes un peu moins de temps aux tâches domestiques, mais d'un autre, elles s'occupent davantage des enfants. De plus, la baisse du travail purement domestique n'est pas liée à une nouvelle répartition des tâches au sein du couple, mais au fait que les pratiques ont changé, notamment avec moins de temps consacré à la couture et à la cuisine. Côté enfant, les temps de transport ont augmenté – conduites aux activités extrascolaires notamment – et occupent en moyenne 20 minutes par jour les femmes. Ces tâches non reconnues, non rémunérées et invisibles dans l'emploi du temps des femmes s'ajoutent donc à leur charge quotidienne.

On pourrait être tenté de croire que les jeunes ont pris conscience de l'existence de la charge domestique et familiale, qu'ils sont différents des générations précédentes et que, par conséquent, la répartition des tâches dans le couple est plus égalitaire aujourd'hui qu'elle ne l'était par le passé. On observe effectivement chez soi ou autour de soi des changements. On voit des hommes avec leurs bébés

8. Insee, « Le temps domestique et parental des hommes et des femmes : quels facteurs d'évolutions en 25 ans », *op. cit.*
9. Apparition des couches jetables en 1973.

et leurs jeunes enfants qui semblent plus impliqués. Mais Jean-Claude Kaufmann, sociologue, et auteur de *La Trame conjugale : analyse du couple par son linge*[10], ne nous laisse pas beaucoup d'espoir sur le sujet. À l'occasion de la réédition de son livre paru initialement en 1992, il écrit en préambule : « J'ai relu le livre pour préparer la nouvelle édition. En général cet exercice est l'occasion d'une réécriture et d'une actualisation. Je n'ai pas eu à changer une virgule[11]. » Selon lui, il y a bien quelques pères exemplaires qui s'occupent des enfants, cuisinent, font les courses et manient la serpillière, mais ils ne doivent pas cacher la vérité des chiffres. Au rythme actuel, il faudrait des décennies, voire des siècles, pour arriver à l'égalité effective de la répartition des tâches domestiques. L'évolution est certes positive mais très lente et se limite souvent à quelques champs comme la cuisine festive. Le sociologue distingue aussi effet d'âge et effet de génération : les jeunes partagent plus équitablement les tâches au début de leur ménage mais cela ne signifie pas que cela perdure dans le temps. Les chiffres montrent que plus il y a d'enfants, moins les pères sont investis dans la vie de la maison[12]. On est ainsi passé d'un modèle traditionnel où la femme reste à la maison et l'homme gagne l'argent du foyer, à un modèle où les deux gagnent l'argent du foyer

---

10. Jean Claude Kaufmann, *La Trame conjugale. Analyse du couple par son linge*, Paris, Armand Colin, deuxième édition, 2022.

11. Blog de Jean-Claude Kaufmann : http://www.jckaufmann.fr/la-trame-conjugale/

12. Article de la DREES, ministère de l'Emploi et des Solidarités, mars 2002 : https://drees.solidarites-sante.gouv.fr/sites/default/files/er162.pdf

mais sans changement profond et proportionnel dans la répartition des rôles à la maison.

Une réalité figée ?

L'arrivée des femmes sur le marché du travail aurait dû impacter le temps de travail des deux parents en vue d'une nouvelle répartition des tâches familiales. Rien n'a été dit ou fait, collectivement, pour encourager cette évolution souhaitable. Le seul salut (ou illusion de salut) des femmes réside dans un questionnement sur plus d'efficacité, sur une meilleure organisation et l'optimisation de leur temps. Mais comme les tâches domestiques et familiales sont incompressibles au-delà d'un certain seuil, les seules réponses qu'elles trouvent résident dans la modulation de leur activité rémunérée : recourir au temps partiel, prendre moins de responsabilités, accepter un travail précaire. De ce point de vue, les chiffres sont sans appel, leur rapport au travail s'est effectivement distendu : le taux de femmes à temps partiel est passé de 13 % à 30 % entre 1985 et 2010 (alors que les hommes se maintiennent autour de 7 %[13]). Cette situation concerne tous les niveaux de qualification. La population à temps partiel est à 80 % féminine[14]. Les femmes, en sont réduites à prendre des emplois moins qualifiés : les chiffres montrent que les femmes, plus souvent que les hommes, occupent des postes sous leur niveau de qualification et ce phénomène augmente

13. Insee, « Temps partiel – emploi, chômage, revenu du travail », 2020 : https://www.insee.fr/fr/statistiques/4501614?sommaire=4504425

14. *Ibid.*

avec le nombre d'enfants[15]. Sans surprise, cette précarité professionnelle concerne encore plus les familles monoparentales (25 % des familles françaises), qui dans quatre cas sur cinq sont des mères vivant seules avec leur(s) enfant(s).

L'augmentation du niveau d'instruction des femmes à égalité des hommes, voire au-delà, dans l'enseignement supérieur ne change pas la donne (la part des diplômées de l'enseignement supérieur passe de 3 % en 1900 à 34 % en 1960 et 55 % depuis les années 1990[16]). Elles peuvent donc prétendre aux mêmes postes à responsabilité que les hommes. Et pourtant, on ne les retrouve pas à la tête des entreprises : seulement 7,5 % des dirigeants d'entreprise de plus de 500 salariés sont des dirigeantes[17] et même si ce taux est plus important lorsque l'on inclut les plus petites structures, dont les salariés indépendants, on ne dépasse pas les 30 %. Les femmes sont freinées dans leur développement professionnel alors qu'elles ont, sur le papier, tous les diplômes pour réussir autant voire mieux que les hommes.

---

15. Insee, « Tableau de l'économie française 2019 » : https://www.insee.fr/fr/statistiques/3676619?sommaire=3696937

16. « Les scolarités supérieures féminines dans les années 1980 » : https://www.cairn.info/la-place-des-femmes--9782707124890-page-591.htm?contenu=resume

17. Harvard Business Review, « Femmes dirigeantes : ce que cachent les statistiques », 2015 : https://www.hbrfrance.fr/chroniques-experts/2015/12/9231-femmes-dirigeantes-ce-que-cachent-les-statistiques/

On entend parfois dire qu'un critère économique est la cause de la répartition des tâches domestiques, la femme gagnant moins que l'homme dans le couple : il serait plus logique d'un point de vue financier que ce dernier investisse davantage son travail et que la femme prenne plus à sa charge la sphère domestique. Pourtant, ce raisonnement communément accepté ne tient pas la route puisque l'inverse n'est pas vrai : lorsque la femme gagne plus que l'homme, la part du travail domestique réalisé par celui-ci n'augmente pas. « Le travail domestique de l'homme apparaît moins élastique [plus rigide] à la situation professionnelle de sa compagne (...) Même dans le cas où la répartition du travail domestique est la moins inégalitaire (lorsque la femme est très investie professionnellement), il ne se produit pas de renversement des rôles de genre, dans la mesure où la femme, en moyenne, assume toujours plus de tâches domestiques que son conjoint. Ces activités domestiques restent donc une activité sexuée, pour laquelle les rôles de genre traditionnels persistent.[18] » Les femmes ont atteint une égalité de droit, mais pas une égalité de fait.

Les avancées que l'on constate vers un modèle plus égalitaire sont fragiles. Pour comprendre ce processus, on peut s'appuyer sur la théorie de Daniel Kahneman, dans le domaine des sciences comportementales. Selon lui, deux systèmes cohabitent. Le système 1, ou schéma de pensée 1, est intuitif, rapide, émotionnel, tandis que le système 2

---

18. Insee, « La division du travail est-elle efficiente ? », 2015 : https://www.insee.fr/fr/statistiques/1303236?sommaire=1303240&q=bi-actif

est pensé, réfléchi et demande de la concentration. On essaie d'insuffler de manière raisonnée plus d'égalité dans le couple (système 2), mais dès qu'il y a urgence, les émotions prennent le dessus et on revient par un processus inconscient au schéma de pensée de base (système 1). L'exemple de la maladie d'un enfant en est une parfaite illustration. Dans l'écrasante majorité des cas, c'est la mère qui prend rendez-vous avec le médecin (selon Doctolib, 80 % des rendez-vous sont pris par des femmes en 2022[19] – ce qui laisse supposer qu'elles le font pour leurs enfants... et leur conjoint). La situation est la même en cas de handicap. Les chiffres montrent que 80 % des mères d'enfants porteurs de handicap voient un impact sur leur vie professionnelle, contre 16 % des pères dans la même situation, et 40 % d'entre elles cessent leur activité professionnelle, contre 5 % des pères[20]. La crise de Covid-19 a aussi montré que les femmes sont en première ligne. Pendant le confinement, il y avait urgence, il a fallu du jour au lendemain s'occuper des enfants qui n'allaient plus à l'école ou ne pouvaient plus être pris en charge (à domicile, par un(e) babysitter, ou dans une structure extérieure comme une crèche ou une assistante maternelle). Cela a eu des impacts sur la vie professionnelle des femmes : une

19. Elle : https://www.elle.fr/Societe/News/Doctolib-77-des-rendez-vous-pris-pour-un-proche-ont-ete-reserves-par-des-femmes-en-2022-4008750

20. Selon une grande étude menée par la mission nationale Accueils de loisirs & handicap : http://www.mission-nationale.fr/wp-content/uploads/2019/05/BJ18034-Enqu%C3%AAte-parents-denfants-Handicap%C3%A9s-Rapport-final-15-Juin-2018-003.pdf

analyse de l'Institut national de l'audiovisuel (Ina) a montré que le temps de parole des femmes expertes à la radio ou à la télévision avait considérablement chuté pendant le confinement, au profit donc d'experts masculins sans doute plus disponibles[21].

L'évolution du travail féminin et de la répartition des rôles dans le couple explique la situation actuelle du point de vue de l'individu. D'un côté, les femmes se retrouvent à jongler entre travail et vie de famille avec la culpabilité de ne pas y arriver (personne ne nous a dit que c'était mission impossible) et, de l'autre, les hommes restent dans un modèle carriériste tout en essayant tant bien que mal d'être présents à la maison, donc avec une grande culpabilité aussi.

Même si tous les parents sont concernés, la question de la conciliation est plus prégnante dans la vie des femmes. Le modèle social explose mais le schéma familial ne suit pas, ce qui conduit à une impasse tous les parents, et particulièrement les mères, et s'en ressent dans le modèle familial et le bien-être des enfants.

On a créé un modèle de vie intenable pour les deux parents, qui condamne hommes et – de manière plus marquée – femmes à un stress quotidien avec le sentiment d'être défaillants. Ils se retrouvent à devoir assurer vie familiale et vie professionnelle de front mais ne peuvent le faire sereinement.

---

21. Étude Institut national de l'audiovisuel : https://larevuedesmedias.ina.fr/temps-parole-femmes-hommes-confinement-tv-radio

L'impossible double journée

Avant l'arrivée d'un enfant, la vie des jeunes actifs est relativement simple : ils peuvent s'investir à fond dans leur travail, avoir une carrière ascendante et un *job* passionnant, sortir avec des amis le soir ou le week-end. Et un jour, bonne nouvelle, un enfant va naître ! Pour les femmes, la grossesse commence à affecter progressivement la vie professionnelle : fatigue, notamment les trois premiers mois, multiplication des rendez-vous médicaux, un arrêt parfois anticipé... mais la situation reste encore gérable dans l'ensemble. Les futurs pères voient peu de changements à ce stade, du moins professionnellement, mis à part – et s'ils s'y rendent – les échographies et les rendez-vous de préparation à la naissance. Mais dès que l'enfant arrive, c'est le grand chamboulement ! À la joie d'être parent et d'accueillir un petit être dans sa vie, de se sentir viscéralement attaché à lui, s'ajoutent fatigue, émotions fortes et contraintes d'organisation. Et tout ne redevient pas « comme avant » lorsque l'enfant grandit. Nous allons voir comment le fait d'avoir des enfants se répercute sur le quotidien et change la vie des parents actifs en profondeur et dans la durée.

Limites physiques

Nuits courtes, double journée, manque de sommeil, l'arrivée d'un enfant est merveilleuse mais rime vite avec fatigue, découragement, voire épuisement. Les premiers mois (voire les premières années), l'enfant ne fait pas ses nuits, les parents se lèvent et leur sommeil est haché et peu réparateur. Une étude réalisée sur le sujet le montre. La majorité des jeunes mères sont concernées par des états de somnolence diurne qui durent jusqu'à dix-huit semaines après la naissance de l'enfant[1]. Elles se déclarent fatiguées ou très fatiguées à leur retour de congé maternité. Pour les hommes, les chiffres ne sont pas connus mais beaucoup de collaborateurs que je rencontre en parlent aussi dès qu'ils s'impliquent dans les soins apportés à l'enfant et notamment les nuits et l'alimentation de l'enfant. Bref, avoir des enfants conduit vraisemblablement à découvrir ses limites physiques !

Le tunnel postnatal

Pour les femmes, la fatigue s'accumule dans la durée : elle commence avec la grossesse et s'accroît avec l'accouchement, les nuits courtes et potentiellement l'allaitement. Les répercussions sur le corps de la mère sont immenses : porter un enfant signifie prendre plusieurs kilos et changer de silhouette, avoir potentiellement mal au dos, des problèmes

1. « Longitudinal Change in Sleep and Daytime Sleepiness in Postpartum Women », 31 juillet 2014 : https://journals.plos.org/plosone/article?id=10.1371/journal.pone.0103513

de circulation dans les jambes. En plus de la prise de poids, de nombreuses mères subissent des désagréments liés aux changements hormonaux comme la perte de cheveux ou l'apparition de taches cutanées. La plupart de ces effets de la grossesse s'estompent au fil des jours mais ils rappellent qu'une femme est poussée dans ses limites physiques. Une étude médicale note que « le cœur subit des modifications structurales semblables au cœur du sportif de haut niveau[2] » avec augmentation du rythme cardiaque et modification structurelle du fonctionnement cardiovasculaire. Après l'accouchement qui est aussi une épreuve physique en soi, le marathon de la maternité continue pour de nombreuses femmes avec l'allaitement. D'où un effort supplémentaire, se lever nécessairement la nuit, tirer son lait dans la journée (au bureau quand on n'est pas en télétravail), gérer le matériel et le transport dans de bonnes conditions. Ce surmenage peut conduire dans certains cas à un état de dépression. Les chiffres montrent que 10 à 15 % des mères sont concernées par une dépression post-partum avec un pic autour de trois mois après la naissance de l'enfant puis un autre à six mois. Ainsi, en France, on peut estimer qu'environ 100 000 femmes sont en grande détresse dans l'année qui suit la naissance de leur bébé[3]. Les hommes peuvent aussi être concernés même si les

---

2. Alexandra Benachi, Dominique Luton, Laurent Mandelbrot et Olivier Picone, *Pathologies maternelles et grossesse*, Paris, Elsevier Masson, 2014 : https://www.unitheque.com/UploadFile/DocumentPDF/P/A/TQVN-9782294713309.pdf

3. Rapport des 1 000 premiers jours : https://solidarites-sante.gouv.fr/IMG/pdf/rapport-1000-premiers-jours.pdf

études sur le sujet sont de moindre ampleur[4]. Elles montrent tout de même que les pères peuvent avoir du mal à trouver leur place, avec le bébé, avec la maman, dans leur couple.

La vie du jeune parent – encore plus celle de la mère donc – est chamboulée, et cela conditionne évidemment son bien-être. Pourtant, un silence pèse sur cette période, les collaboratrices que je rencontre n'en parlent pas… Comme si elles essayaient de l'oublier, comme si elles répondaient à une injonction sociétale taboue les conditionnant au silence : interdiction de se plaindre, sous peine d'être sanctionnées par la société, l'entreprise, les proches pour faiblesse. Après tout, elles ont choisi de travailler et d'avoir des enfants, alors « il faut gérer ». Lors d'un récent atelier, à la question « Comment vous sentez-vous actuellement ? », sur douze collaboratrices présentes, aucune n'a mentionné la fatigue. Lorsque je leur ai fait remarquer cette omission, elles ont tout de suite réagi en disant : « Oui bien sûr, mais c'est la base, c'est normal ! » Il y a un déni de fatigue. On essaie de faire comme si de rien n'était, comme s'il n'y avait pas d'enfant à la maison qui nous prend du temps, qui nous réveille la nuit, qui nous préoccupe pendant la journée de travail. L'accumulation de fatigue pré- et postnatale est souvent vécue comme un passage obligé pour les jeunes parents qui essaient de tenir et attendent des jours meilleurs. Souvent, cet état persiste bien au-delà

4. France Inter, « La dépression post-partum : les hommes aussi », 21 décembre 2021 : https://www.radiofrance.fr/franceinter/depression-post-partum-les-hommes-aussi-4866473

des premiers mois. Les premières années, les réveils nocturnes sont courants. Les maladies infantiles et autres maux des jeunes enfants peuvent laisser les parents épuisés. Le rythme quotidien avec la gestion des courses, des repas, de la maison et les soins qu'on leur apporte demande beaucoup de temps et d'énergie. Les parents n'ont plus de temps pour eux. Ils ont du mal à se reposer, même les vacances n'en sont plus vraiment. La fatigue est encore plus intense pour les parents d'enfants porteurs de handicap ou malades, ces derniers ayant besoin de soins spécifiques, d'un suivi médical plus régulier, et étant souvent moins autonomes.

Mathilde, comme tout parent, jongle entre sa vie de famille avec ses trois enfants et son travail chez Suez. Mais pour elle, tout est plus compliqué encore. Son enfant, âgé de 12 ans, est atteint du syndrome du X fragile. Ce handicap cause un retard cognitif. Le garçon est fatigable, peu autonome et ne peut être scolarisé : il a besoin d'être dans un établissement spécialisé. Avec son mari, qui travaille aussi, Mathilde doit gérer un agenda de ministre pour le suivi de son enfant, sa prise en charge, la présence permanente d'une aide à domicile mais aussi le côté administratif avec des dossiers à remplir pour obtenir puis renouveler les aides. À la maison, elle est très occupée par tous ses enfants et en particulier par les soins à apporter au quotidien à son fils de 12 ans. Malgré tout, Mathilde se sent bien dans son travail où elle a pu parler du handicap de son fils. Elle s'investit aussi dans le monde caritatif en étant active au sein d'une association regroupant les parents d'enfants qui souffrent du même syndrome que son fils.

Donner le change à tout prix au travail

Côté travail, les parents cherchent à faire comme avant. Ils rentrent après leur congé maternité ou paternité et veulent reprendre leur place au sein de l'équipe. Sans que cela ne soit jamais formulé, ils sont sommés de faire leur preuve : la preuve de leur disponibilité totale et inchangée pour leur travail. Ils essaient donc de faire déteindre le moins possible leur vie personnelle sur leur vie professionnelle. Par souci de performance professionnelle ou parfois, plus durement, de peur de perdre leur *job*, ils tentent de faire autant – sans prendre en compte le changement drastique de leur condition familiale et de leur disponibilité. Même si maintenant, les jeunes parents osent beaucoup plus parler de leurs contraintes personnelles, le souhait de fournir autant d'énergie et de temps qu'auparavant est omniprésent. C'est le début de la double journée : ils mangent un sandwich à midi, retravaillent le soir, prennent moins de pauses, cherchent à travailler plus efficacement. Le télétravail, qui s'est considérablement développé, est parfois présenté comme la solution mais dans les faits, l'exigence de performance de l'entreprise, le rythme imposé, la concurrence externe ou interne, les attentes des managers, et plus généralement l'idéologie de la performance… poussent les collaborateurs parents à garder le même niveau d'investissement et de travail qu'avant l'arrivée de leurs enfants. Et on le verra, le télétravail n'apporte pas une solution à tout quand on peut en bénéficier.

Les parents prennent rarement la mesure des changements accompagnant l'arrivée des enfants et en minimisent souvent l'impact sur leur vie quotidienne et professionnelle. L'impensé sociétal commence là, et il est relayé par le peu de cas fait de la parentalité dans le monde du travail. Le piège est d'essayer de recréer l'avant dans les mêmes termes, en prenant sur soi l'impensé collectif, à faire comme si rien n'avait changé, alors que tout a changé, et qu'un nouvel équilibre est à inventer.

Charge émotionnelle

La parentalité, c'est aussi connaître des émotions nouvelles, heureuses bien sûr, mais aussi parfois lourdes à porter, d'autant plus si on refuse de les affronter, si l'on reste dans le déni de leur entrée dans nos vies.

Bonjour l'angoisse !

L'arrivée du premier enfant est souvent un chamboulement invraisemblable : de nombreux parents me disent comment ils se sont sentis envahis par des émotions qu'ils n'avaient jamais connues auparavant.

> *Maria, consultante dans un cabinet de conseil, raconte comment elle a été submergée par des émotions nouvelles avec l'arrivée de son fils Jawad. Avant sa naissance, elle s'imaginait que dès qu'il serait né, elle serait très contente de le confier à ses parents ou beaux-parents pour faire ce qu'elle aimait avant, comme partir en week-end avec son conjoint. Mais du jour où il a pointé son nez, elle a été « envahie par une émotion nouvelle », et n'a pas pu le confier à qui que soit avant plusieurs mois !*

> *Une autre collaboratrice me raconte quant à elle comment elle s'est découverte capable de colères inouïes en réaction au comportement de son premier enfant lorsqu'il a atteint l'âge de 2 ans : « Un jour, j'ai vu un père qui hurlait sur son fils parce qu'il n'avançait pas dans la rue. Je me suis dit : jamais pour moi, ce n'est pas possible d'être comme ça avec son propre enfant. Mais quand mon fils a eu 2 ans et ½, un matin, en me retrouvant dans l'entrée de notre immeuble, j'ai crié sur mon fils qui ne voulait pas sortir… J'ai repensé à ce père que j'avais observé quelques années plus tôt et j'ai été surprise de découvrir que je pouvais me mettre dans un tel état de colère que je ne me connaissais pas ! »*

La parentalité fait naître des émotions – positives ou négatives – que les parents doivent apprendre à apprivoiser – et cela mobilise une grande énergie afin de ne pas être submergés par ces nouvelles émotions fortes.

Bienvenue dans la culpabilité

Un sentiment très présent et très fort chez les parents est la culpabilité. Celle-ci se nourrit de tout. On se sent coupable de laisser l'enfant à la crèche des journées entières, de passer peu de temps au quotidien avec lui, de déléguer les soins comme le bain et les repas à une tierce personne. Pour les femmes, en particulier au retour de leur congé maternité, ce sentiment peut être encore plus prononcé. Elles portent leur enfant pendant neuf mois, puis restent avec lui jour et nuit pendant plusieurs semaines. Et, du jour au lendemain, elles reprennent le travail et ne le voient plus que quelques heures par jour ! La transition est brutale et le sentiment d'abandonner son enfant peut être très fort et mal vécu. Le parent se pose de nombreuses questions : est-ce que mon absence ne risque pas de nuire à long terme à son équilibre psychologique ? Est-ce que je peux assurer tous les besoins de mon enfant quand je travaille ? À partir de quand la séparation d'avec l'enfant peut jouer sur son bien-être ? Est-ce que le fait de le laisser neuf à dix heures à la crèche est trop long ? Les recherches dans des livres ou sur Internet et les réseaux sociaux n'apportent pas de réponses uniques, celles-ci varient ou même se contredisent d'une source à l'autre. Le doute ne fait qu'accentuer ce sentiment de ne jamais donner suffisamment à son enfant.

La culpabilité perdure bien au-delà de la reprise du travail post-congé maternité/paternité. Lorsque l'enfant grandit, les parents prennent sur eux tout problème de développement de celui-ci et souvent le lient à leur absence pour cause de travail.

Un père consultant italien lors d'un atelier résume bien cette double culpabilité : « Je ne me sens jamais bien. Au travail, je culpabilise de ne pas voir plus longtemps mon fils et je me dis qu'à cause de moi il va devenir un chef de gang, et quand je suis avec lui, je sens que je passe à côté d'opportunités au travail et j'ai l'impression de laisser tomber mes collègues qui eux continuent de travailler. » Ce qui parfois est renforcé par des commentaires venant de l'entourage, telle cette grand-mère qui accueille sa fille de retour du travail : « Avec ses longues journées à la crèche dans le bruit et tous ces enfants qui chouinent, ce n'est pas étonnant qu'il soit excité et ne tienne pas en place le soir ! » De quoi accabler encore plus le parent.

Les parents cherchent parfois à compenser auprès des enfants leur absence. Afin de ne pas « perturber » l'enfant, le parent prépare la veille de son départ en déplacement des petits pots pour couvrir les jours où il ou elle n'est pas là, s'imposant deux heures de travail nocturnes supplémentaires la veille d'un déplacement important. Plus tard, ce sont les enfants eux-mêmes qui s'y mettent. Ils comprennent vite quelle est la corde sensible de leurs parents et les décryptent mieux que quiconque. Ils savent trouver les arguments pour nourrir la culpabilité : « Il n'y a que toi qui ne viens pas me chercher à l'école, toutes les autres mamans viennent. » Sachant que 80 % des femmes travaillent, son assertion est forcément fausse, mais le doute s'installe et on se demande si on a fait le bon choix en reprenant ce poste à responsabilité ! On verra dans la troisième partie quelles émotions de l'enfant peut cacher ce type de phrases.

Le rodéo de l'illégitimité au travail

La culpabilité ne se limite pas au domaine familial, elle est aussi présente dans la vie professionnelle. Les collaborateurs ont l'impression de laisser tomber leurs collègues et leurs équipes, de décevoir leur manager. Ils ne sont plus là pour répondre aussi rapidement qu'avant aux sollicitations des uns et des autres et pensent manquer à leurs obligations professionnelles. Le fait de travailler différemment, parfois en décalé ou avec un délai dû aux contraintes horaires, contribue à nourrir ce sentiment. Auparavant, il était possible de traiter toutes les urgences dès qu'elles se présentaient. Plus moyen de le faire désormais, il faut dire non, refuser des réunions, laisser des emails sans réponse d'un jour sur l'autre… Des pratiques nouvelles pour beaucoup. Il y a aussi tous les imprévus à gérer tels que les maladies, l'exclusion de la crèche pour fièvre, les passages d'urgence chez le médecin… Les collaborateurs parents en gardent une impression de décalage vis-à-vis des collègues, notamment ceux sans enfant (ou qui en ont mais ne semblent pas en porter la charge quotidienne) qui acceptent des réunions plus tardives ou des déplacements et ont davantage de souplesse par rapport aux demandes qui sont faites.

Un autre sentiment peut émerger et se maintenir dans la durée : la peur de ne plus être perçu(e) comme collègue mais comme parent, de paraître moins impliqué(e), moins légitime. Face à cette crainte, les collaborateurs parents sont réticents à donner leurs nouveaux horaires (quelle image cela projette-t-il de moi ?), les femmes à dire qu'elles allaitent, et ils se mettent une pression supplémentaire pour compenser. Ils partent vers 18 heures en rasant les murs et n'osent pas refuser de réunion. Plusieurs femmes m'ont dit qu'elles allaitaient leur enfant depuis plusieurs années, sans que leurs collègues en sachent rien. Des parents m'ont raconté comment ils prennent leurs appels téléphoniques et font des réunions à distance tout en donnant le bain à leur enfant ou en le tenant dans les bras, pour faire, côté travail, comme si de rien n'était. Même lorsque la personne est promue ou retrouve son poste, elle souffre parfois du syndrome de l'imposteur ou de celui du doute permanent[5] qui est l'impression de

5. France Inter, « Quand le syndrome du doute permanent révèle les répercussions des stéréotypes hommes/femmes »,

ne pas être à sa place ou à la hauteur des attentes de son poste. D'autres collègues semblent plus expérimentés, plus sûrs d'eux, plus disponibles... On court après le temps, on ne peut assister à toutes les réunions, ni répondre à tous les emails... Une collaboratrice décrivait qu'à son retour de congé maternité, elle posait des questions pour rattraper ce qu'elle avait manqué mais ses collègues semblaient s'en agacer. Cela ne fait qu'accroître le manque de confiance que l'on a déjà lorsque l'on revient après plusieurs semaines, voire plusieurs mois d'absence. Parfois, ce sont aussi des sentiments de stress et d'angoisse qui dominent. Une collaboratrice me confiait se sentir dans un état d'angoisse permanent, elle avait peur de ne pas réussir à tout gérer, de ne pas avoir un mode de garde qui convienne à sa fille. Toutes ces émotions sont épuisantes et entraînent le parent dans un cercle infernal.

Les conséquences de ces émotions sont nombreuses, sur les décisions du quotidien, le bien-être, la vie de couple et le travail. « L'émotion égare, c'est son principal mérite », disait Oscar Wilde. Prendre conscience du raz de marée émotionnel qui accompagne l'arrivée d'un enfant, s'accorder le temps de se poser pour y réfléchir, en mesurer les impacts sur sa vie, est nécessaire pour avancer plus sereinement et prendre les décisions qui aident dans la durée.

---

23 février 2021 : https://www.radiofrance.fr/franceinter/quand-le-syndrome-du-doute-permanent-revele-les-repercussions-des-stereotypes-hommes-femmes-2248843

Contraintes organisationnelles

Un enfant use en moyenne 4 000 couches dans ses premières années, il y a 14 visites médicales obligatoires les trois premières années de l'enfant (sans compter les passages intempestifs chez le docteur pour maladies et pour examens médicaux complémentaires), les temps de transport à l'école ou pour les activités extrascolaires prennent en moyenne 20 minutes chaque jour. Avec la préparation des repas, les soins apportés à l'enfant et les aléas – maladie, fermeture de la structure d'accueil de l'enfant, départ inopiné de la garde d'enfant, etc. : l'arrivée d'un enfant rime avec de fortes contraintes. On pourrait penser que lorsque l'enfant grandit, les impératifs organisationnels sont moins nombreux, les soins moins chronophages et les enfants plus autonomes, mais il n'en est rien. Les enfants ont des activités extrascolaires et des devoirs, il faut les accompagner et, même plus grands, lorsqu'ils sont adolescents ou jeunes adultes, la présence des parents est essentielle à leur équilibre – le fameux adage « Petits enfants, petits problèmes, grands enfants, grands problèmes » reflète une certaine réalité.

Le casse-tête de l'organisation quotidienne

D'après une étude du Boston Consulting Group[6], la charge familiale des parents actifs en France

6. Boston Consulting Group, « Easing the COVID-19 Burden on Working Parents », mai 2020 : https://www.bcg.com/fr-fr/publications/2020/helping-working-parents-ease-the-burden-of-covid-19

est de 26 heures par semaine. Si l'on compare aux 40 heures travaillées par semaine, c'est donc une augmentation du temps « contraint » de 65 %. Pour celles et ceux qui travaillent déjà plus de 40 heures hebdomadaires, ce sont souvent des journées commencées vers 6 heures lorsque l'enfant se réveille et qui se terminent vers 23 heures lorsqu'il est couché et que les derniers emails sont envoyés. Et tout cela sans avoir eu le temps de s'occuper une seule seconde de soi…

L'arrivée d'un enfant conduit à tout revoir et remettre en question : lieu de vie, horaires de travail et plus généralement organisation quotidienne. Il faut tenir compte du besoin de place supplémentaire, notamment d'une chambre en plus, et du lieu de garde de l'enfant. De nombreuses interrogations se bousculent dans l'esprit des jeunes parents : faut-il déménager pour avoir un logement plus grand et bénéficier d'un air potentiellement moins pollué – mais cela augmentera notoirement le temps de transport nécessaire pour rejoindre le lieu de travail ? Faut-il prendre un travail à temps partiel – mais peut-on financièrement se le permettre et, le cas échéant, y trouvera-t-on son compte en tant que professionnel ? Quels horaires de travail mettre en place ? Comment s'organiser avec le coparent ou son entourage ? Toutes ces questions obligent à se remettre en question, à faire des recherches et à prendre des décisions parfois radicales et lourdes de conséquences pour tout l'écosystème familial et professionnel.

Ces choix se font selon des critères et valeurs propres à chacun. Habiter loin de son travail, pour trouver un cadre de vie plus agréable, peut être compliqué en semaine, lorsqu'il faut affronter les transports en commun ou les bouchons sur la route. Rester plus proche des centres de vie rend le quotidien plus facile, mais offre moins d'options de sortie en plein air le week-end. La pandémie, avec ses confinements et la montée en puissance du télétravail, a conduit de nombreux parents à privilégier des lieux d'habitation plus verts et plus calmes, quitte à passer plus de temps dans les transports les quelques jours où ils se rendent au travail.

Le télétravail : piège ou opportunité ?

Le télétravail est la nouvelle donne. La flexibilité qu'il apporte est vue comme une aubaine par de nombreux parents, c'est indéniable dans de nombreux foyers. Mais l'expérience montre que les conditions optimales du télétravail sont rarement réunies, ce qui entraîne souvent un surcroît de stress pour le parent actif. Les parois entre la vie personnelle et la vie professionnelle deviennent de manière évidente encore plus poreuses. Plusieurs années avec ce modèle dans différentes variantes (télétravail unique, partiel, jours fixes, variables) permettent de mieux appréhender les avantages mais aussi les limites du télétravail dans la vie des collaborateurs parents. Les avantages sont largement mis en avant : éviter les temps de transport et la fatigue et être plus présent auprès des enfants, utiliser aussi les pauses pour gérer en journée des tâches à la maison que l'on ferait sinon le soir ou le week-end.

L'expérience que des dizaines de collaborateurs et collaboratrices ont partagée avec moi permet d'avancer quelques mises en garde sur ce mode de travail. Les parents cherchent à nouveau à tout faire : travailler tout en gardant leurs enfants et en réalisant des tâches domestiques. Alors que le télétravail libère du temps, il peut vite devenir une nouvelle source d'épuisement pour le parent.

Déjà, du fait de leur présence à la maison, certains réduisent (en heures ou en jours) la garde de leur enfant. Ils considèrent qu'étant sur place, ils peuvent s'en charger même si cela s'ajoute à leurs heures de travail. Cependant, ils sont gênés par la présence des enfants : ils les entendent jouer, pleurer ou se disputer dans la pièce à côté, et doivent aller s'en occuper. Ou bien, ceux-ci débarquent au milieu d'un *call* ou d'une visio. Ponctuellement, c'est gérable, en version dépannage. Mais dans la durée, cela peut s'avérer exténuant et contre-productif. Les parents ne sont ni avec l'enfant, ni complètement au travail. Même si les enfants sont gardés, la même chose peut se produire : on est tenté d'aller voir, d'interférer, de faire mieux que la garde d'enfant présente. Je conseille donc aux parents qui télétravaillent, dans la mesure du possible, de garder le même mode de garde que s'ils n'étaient pas là. C'est la seule façon d'être pleinement disponibles à leur travail. Et si les enfants sont gardés sur place, il est important de faire comme si on était au bureau, et de laisser la garde d'enfant gérer les problèmes. C'est une évidence mais qu'il est parfois difficile de respecter.

L'autre écueil est de vouloir en « profiter » pour s'activer à la maison, lessives, courses, tâches administratives, bien sûr souvent au détriment d'une journée de travail satisfaisante. Il est important aussi de délimiter ses horaires de travail pour faire les heures que l'on s'est fixé professionnellement et ne pas se laisser envahir par les tâches domestiques qui sont vite chronophages.

Enfin, à long terme, le fait d'être en télétravail permanent, comme cela est le cas pour les personnes qui ont choisi par exemple d'habiter loin de leur lieu de travail, conduit à se sentir isolé. J'entends des personnes me dire à quel point elles ont perdu le lien avec l'entreprise, elles ne connaissent pas les nouveaux membres de l'équipe, n'ont plus de contact direct avec leurs collègues. Venir régulièrement au bureau ou trouver des opportunités pour rencontrer ses collègues peut être une solution. On crée du lien et, en plus, se voir et se parler en direct facilite l'échange et souvent la recherche de solutions qui prendraient beaucoup plus d'énergie par email ou en réunion visio.

Une collaboratrice jeune maman à 100 % en télétravail me disait à quel point elle était fatiguée. Après lui avoir posé quelques questions et m'être assurée qu'elle ne manquait pas de sommeil, j'ai compris que son enfant était gardé à la maison et qu'elle sortait souvent de son bureau pour voir comment la garde se passait. Cet aller-retour incessant entre son travail en visio et son enfant la fatiguait énormément.

Au final, si le télétravail peut apporter de la souplesse dans des journées denses, il doit être bien réfléchi en amont et adapté aux besoins de chacun.

Les joies de la charge mentale

L'évocation de la double journée, d'une organisation serrée, renvoie naturellement à la charge mentale. Cette idée est née dans les années 1960 sous l'impulsion de la chercheuse Nicole Brais de l'université Laval de Québec. Elle la définit comme « ce travail de gestion, d'organisation et de planification qui est à la fois intangible, incontournable et constant, et qui a pour objectifs la satisfaction des besoins de chacun et la bonne marche de la résidence[7] ». Le concept de charge mentale notamment portée par les femmes a été ensuite popularisé par l'illustratrice et féministe Emma, avec sa bande dessinée « Fallait demander » dans laquelle, en quelques dessins très drôles, elle montre tout ce qu'une mère porte sur ses épaules, à l'exemple de cette planche où l'on voit la mère se ruer sur la casserole qui déborde tandis que son conjoint lui dit : « Fallait demander », ce à quoi elle répond : « Et tu ne pouvais pas y penser toi-même[8] ? » La charge mentale est constituée de toutes ces tâches invisibilisées. Cuisiner un repas peut paraître simple mais le travail commence bien avant la préparation en elle-même : il faut avoir conçu en amont le menu pour les parents et les enfants, avoir la liste des ingrédients sans en oublier (au risque de planter son repas), faire les courses, s'organiser pour avoir un temps en cuisine, etc. Ces tâches non reconnues, non valorisées, n'ont pas de place dans les emplois du temps. Elles doivent se faire entre deux réunions, sur le trajet de retour du travail, et conduisent les parents à être stressés, à vivre avec l'impression que la *to-do list* n'est jamais achevée. Les parents

---

7. *L'Express*, « La charge mentale » : https://www.lexpress.fr/actualite/societe/la-charge-mentale-le-syndrome-des-femmes-epuisees-d-avoir-a-penser-a-tout_1906874.html

8. Emma, *Fallait demander*, Paris, Massot, 2017.

tentent de paralléliser les tâches mais cela se révèle épuisant.

> *Une maman appelle ses amis parfois le soir en rentrant, le téléphone dans une main et la poussette dans l'autre. Lorsque je la questionne sur l'attention qu'elle porte à ses conversations, elle reconnaît n'être aucunement concentrée sur ce que lui disent ses amis. Elle a l'impression d'être avec eux mais n'en retire pas de satisfaction (et il est probable que ses interlocuteurs ne se sentent pas très écoutés non plus). À vouloir multiplier les tâches, on n'en retire pas les bénéfices attendus et on s'épuise.*

Les parents ont un petit vélo qui tourne dans leur tête en permanence : faire les courses, organiser l'anniversaire du grand, établir la fiche de paie de la nounou, etc. La charge mentale est aussi professionnelle avec les centaines d'emails en attente de réponse, la demande sur Slack ou Teams (messageries instantanées) d'un collègue et le sms du chef pour participer à une réunion client importante. Les sources d'information et les moyens de communication se sont démultipliés, obligeant aussi les collaborateurs à rester sur le pont en permanence…

La vie du parent actif se caractérise par des doubles journées surchargées, insatisfaisantes et stressantes. Le fait que la société ne reconnaisse pas la lourde charge de travail personnel et professionnel conduit les parents à chercher à rendre invisibles certaines tâches, se mettant ainsi une pression supplémentaire souvent intenable, pouvant mener droit au burn out.

Un modèle de carrière dépassé

Dans son livre au titre un brin provocateur, *La Parentalité en entreprise expliquée à mon boss*[1], Tiphaine Mayolle nous suggère que la parentalité est loin d'être prise en compte par la plupart des managers et qu'ils auraient bien besoin de quelques explications supplémentaires sur le sujet. Jusqu'à récemment, la parentalité était évoquée mais elle n'était pas vue comme un enjeu stratégique dans le monde professionnel. Heureusement, les lignes bougent. Cependant, ce n'est pas sans obstacles ni résistance.

Un modèle de carrière « sans enfant » qui perdure

Historiquement, on l'a vu, le modèle de carrière et de réussite dans l'entreprise ne tient pas compte de l'éventuel statut de parent des professionnels. Avec des horaires étendus, une attente de disponibilité importante, des réunions tardives, le parcours de dirigeant

1. Tiphaine Mayolle, *La Parentalité en entreprise expliquée à mon boss,* Paris, Kawa, 2020.

ou manager ne laisse pas de place à la parentalité. Un film de Bruno Podalydès, *Les Deux Alfred*, reprend ce thème en présentant un entrepreneur tyrannique dans une start-up en 2020 : il exige de ses recrues qu'elles n'aient pas d'enfant et leur impose un rythme effréné. Bien entendu, pour être recrutés, les collaborateurs mentent sur leur situation familiale et font comme s'ils n'avaient ni enfants ni contrainte... ce qui peut se révéler compliqué quand ils doivent récupérer les enfants à la fin de la journée à la crèche ou les garder à la maison lorsqu'ils sont malades. Le film, qui donne lieu à des situations très cocasses, laisse entendre que le sujet n'est peut-être pas si dépassé que ça, même dans les jeunes générations...

La culture du présentéisme et de l'investissement inconditionnel perdure. Comme le souligne Céline Alix dans son livre *Merci mais non merci*[2], les codes de l'entreprise – longues heures de travail, nombreuses réunions, disponibilité à toute épreuve – ne fonctionnent pas pour celles et ceux qui veulent donner le bain à leur enfant le soir et passer un peu de temps avec lui avant son coucher. Ce décalage entraîne un sentiment de déphasage avec l'entreprise et ses codes de réussite et contribue à expliquer que beaucoup de femmes, notamment, quittent des carrières prestigieuses pour retrouver un peu de temps pour leur vie personnelle et familiale. Si le télétravail a relativisé l'importance de ces codes, ils n'en restent pas moins présents. D'une façon générale, le modèle de carrière sans contrainte n'a pas disparu. Les exigences de l'entreprise, les attentes en termes

2. Céline Alix, *Merci mais non merci. Comment les femmes redessinent la réussite sociale*, Paris, Payot, 2021.

de résultats amènent les dirigeants à avoir un rythme soutenu pour eux-mêmes et pour leurs équipes. Lorsqu'il y a un *deal* à finaliser, un appel d'offres à soumettre, des urgences opérationnelles à résoudre, une interruption de service à gérer, les collaborateurs sont sollicités et se doivent de répondre présents pour être considérés comme *corporates* et investis.

Mythes et réalité de la prise en compte des parents en entreprise

La vie de parent actif reste un *challenge* quotidien malgré les mesures mises en place en entreprise. Il y a un cadre légal minimal et, au-delà, certaines entreprises proposent des avantages et des actions pour tenir compte de la spécificité de leurs salariés parents. Nous allons voir ce qui est mis en œuvre mais aussi quelles sont les limites de ces mesures face au quotidien surchargé des parents qui travaillent. J'ai accompagné des centaines de femmes et d'hommes parents, et je constate à quel point les collaboratrices et collaborateurs tombent vite entre les mailles trop larges du filet et se retrouvent avec un sentiment d'isolement et de décalage au sein de leur entreprise.

Ce que dit la loi

Le dispositif légal concerne avant tout l'arrivée de l'enfant. La mère bénéficie de 16 semaines de congé maternité[3]. Ce congé est indemnisé au tarif de

---

3. Seize semaines pour une naissance simple, 26 à partir du troisième enfant, et 34 pour des jumeaux : https://

la Sécurité sociale. Comme on le verra en dernière partie, la plupart du temps, les conventions collectives obligent au maintien de salaire. Pour le père, ou second parent, il y a le congé paternité et d'accueil de l'enfant d'une durée maximale de 28 jours[4] qui se décompose en deux parties, la première obligatoire et la seconde optionnelle. Sept jours ouvrés doivent être pris à la naissance et les 21 jours restants sont optionnels et peuvent être pris en une ou deux fois dans les six mois qui suivent la naissance. Ces congés sont aussi indemnisés, et encore peu d'entreprises complètent le salaire sur toute sa durée. Légalement, l'entreprise doit reprendre la personne au même emploi ou à un emploi similaire après son congé maternité ou paternité.

Le premier écueil : l'évincement

Après le congé lié à la naissance de l'enfant, il y a le retour et la réintégration au sein de l'équipe. C'est ce que l'on appelle aujourd'hui le *re-onboarding*, terme qui suggère qu'il faut remonter à bord, rejoindre l'équipage. Cette étape – aujourd'hui uniquement mise en place pour les mères – fait partie d'un processus défini par les ressources humaines. En général, une réunion est prévue avec un responsable des RH puis une avec le ou la manager au retour de la collaboratrice. Les RH maîtrisent le premier entretien qui est une obligation légale et a lieu le plus souvent très rapidement. En revanche, l'autre

---

www.ameli.fr/assure/droits-demarches/famille/maternite-paternite-adoption/duree-du-conge-maternite/conge-maternite-salariee

4. Trente-deux jours en cas de naissance multiple.

entretien est demandé mais laissé au bon vouloir du ou de la manager.

Les témoignages des personnes que j'accompagne montrent que ce point n'est que rarement fait immédiatement, souvent il faut attendre plusieurs jours, voire plusieurs semaines, pour l'obtenir, ce qui laisse un laps de temps inacceptable pour des femmes qui ont quitté leur poste pendant au minimum quatre mois. Il est impossible de reprendre dans de bonnes conditions si l'on se sent ignorée, voire écartée. Parfois l'entretien a lieu mais à la hâte. Il est important aussi qu'il soit de qualité. Une collaboratrice racontait comment elle avait été à peine briefée sur ce qui s'était passé en son absence et qu'elle devait quémander les informations à droite et à gauche et déranger en permanence ses collègues pour rattraper le temps où elle avait été absente. Le manque d'application effective des processus, qui sont pourtant clairement définis la plupart du temps, fait que la collaboratrice ne se sent ni attendue ni bienvenue. Les RH n'ont pas les moyens de contrôle sur les managers. Or ces ratés de la reprise laissent un vide angoissant à un moment qui l'est déjà du fait de devoir laisser son enfant en crèche ou auprès d'une garde d'enfant…

L'autre faille dans le retour de congé maternité concerne la prise en compte de la nouvelle situation de la collaboratrice. Influencés par le modèle sociétal dominant, certains managers et responsables d'entreprise prétendent protéger la vie personnelle de la jeune maman en l'excluant de toute promotion, de tout projet porteur ou nouvelle opportunité considérés comme plus exigeants en temps et en investissement professionnel. C'est ce qui est arrivé à une avocate expérimentée au moment où elle pouvait prétendre au niveau d'associée.

Alors qu'elle rentre de congé maternité, Julie demande à son responsable où en est sa promotion, ce à quoi ce dernier lui répond qu'ils n'ont pas envisagé sa nomination car elle venait d'avoir son quatrième enfant. Il a supposé qu'une mère de famille ne pouvait pas faire partie de l'équipe dirigeante du cabinet.

Le deuxième écueil : la pression infernale

À l'inverse, certains managers exigent de la collaboratrice le même rythme de travail qu'avant, sans considération pour sa situation.

Caroline, maman d'un petit garçon et travaillant dans une société américaine à Paris, vient tout juste de rentrer de congé maternité. Son manager lui impose de partir dès la semaine suivante trois jours pour un séminaire, l'obligeant à une première séparation avec son nourrisson et à sevrer son bébé qu'elle continuait à allaiter le soir depuis sa reprise.

Sans doute pris dans une logique de productivité et de performance, le manager ne considère souvent pas les changements intervenus dans la vie personnelle de la salariée ni même le fait que la collaboratrice ait été absente plusieurs mois et qu'un temps d'adaptation puisse être nécessaire. Ce qui est commun à ces différentes attitudes, c'est que les choix sont faits pour les femmes et sur des considérations autres que leur bien-être. Comble du malaise, un décalage existe parfois entre ce qui est dit et ce qui est fait. L'entreprise annonce que des processus sont en place, que la parentalité est prise en compte mais la réalité est autre.

Lucie, auditrice dans une équipe d'audit interne, raconte que son manager a voulu la rassurer à son retour de congé maternité en lui conseillant : « Ne fais pas l'extra-mile » ; il lui suggèrait ainsi de ne pas en faire trop et de garder des horaires raisonnables. Mais au quotidien, il lui envoyait des emails jusqu'à minuit et le week-end sans même préciser les délais de réponse. Elle sentait que la charge de travail était importante, voyait arriver les deadlines et travaillait souvent le soir et même le week-end. Elle subissait donc malgré tout la pression en dépit du discours de son manager. Elle se voyait finalement dans l'impossibilité de lever le pied et de garder des horaires compatibles avec son organisation.

Les efforts des entreprises envers les collaborateurs parents restent insuffisants pour aider ces derniers à rester dans leur trajectoire professionnelle tout en étant sereins dans leur organisation familiale. Il y a à la fois une exigence d'implication dans le travail, d'exemplarité, mais sans que cela s'accompagne nécessairement d'une valorisation salariale ou d'une progression de carrière.

Des injonctions sociétales fortes

Une simple recherche sur Internet révèle l'influence forte que subissent les jeunes parents. Entrez « soin du bébé » dans un moteur de recherche, et vous tombez sur un florilège de conseils : les bienfaits du cododo, du port du bébé en écharpe, de l'emmaillotage, l'importance des purées bio et du liniment[1] faits maison. Ajoutez à cela réseaux sociaux et conseils de l'entourage et des spécialistes, et le parent est abreuvé de recommandations sur la façon dont il doit s'y prendre avec son enfant. En parallèle, les réseaux sociaux regorgent de conseils pour être toujours plus productifs au travail, plus performants. Les recettes pour performer et exploser le plafond de verre pour les femmes sont légion, instiguant sournoisement l'idée que faire son travail ne suffit plus : il faut être au top, surperformer, se challenger en permanence.

On est là face à la double injonction à laquelle ce livre entend faire un sort : il faut travailler comme si on n'avait pas d'enfant et s'occuper des enfants comme si on ne travaillait pas. Les parents actifs

1. Lotion utilisée pour nettoyer le siège du bébé faite à base d'huile d'olive, chaux, cire d'abeille.

sont au cœur d'une pression portée par l'ensemble de la société qui leur murmure en continu de faire toujours mieux et plus.

Vouloir être au top de la parentalité

Les progrès réalisés dans le domaine de la psychologie de l'enfant et sur l'importance de son bien-être ont permis de le considérer comme un être à part entière et pas seulement en devenir – ce dont il faut se réjouir évidemment, mais qui a entraîné un certain nombre d'excès, notamment dans l'exigence attendue au niveau de la parentalité. En outre, les enfants arrivent relativement tard dans la vie des adultes (28 ans en moyenne en 2010 contre 24 ans en 1967) et dans un cadre souvent maîtrisé. Avec le contrôle des naissances, l'enfant est attendu, chéri, il concentre toute l'attention. Aussi, le suivi prénatal permet aux parents qui le souhaitent de minimiser les risques de handicap ou de problèmes de santé. Cette maîtrise du bon développement va bien au-delà de la santé *stricto sensu*, si bien que les parents cherchent à toujours faire ce qu'il y a de mieux pour répondre à tous les besoins de l'enfant : santé, alimentation, soins quotidiens, épanouissement, confiance en soi, scolarité, sociabilité, activité physique et sportive, créativité, etc.

Le bien-être de l'enfant à tout prix

L'attention portée au bien-être de l'enfant est amplifiée par le fait que les parents se sentent seuls à porter la responsabilité des enfants. La famille actuelle est nucléaire, c'est-à-dire réduite au cercle familial le plus restreint : le ou les parents et le ou les enfants. Auparavant, la cellule familiale était plus large, et comprenait grands-parents, oncles et tantes, voisins et amis qui interagissaient au quotidien avec les enfants. Les parents n'étaient pas isolés, ils n'étaient pas seuls à jouer avec l'enfant à la maison et à l'ouvrir au monde. Michaeleen Doucleff, dans son livre *Chasseur, cueilleur, parent*[2], décrit ce phénomène comme propre à nos sociétés occidentales. L'autrice est partie à la découverte de cultures ancestrales avec des méthodes d'éducation radicalement différentes. Elle y observe plus de partage de la responsabilité de l'enfant non seulement avec d'autres adultes mais aussi avec des enfants plus âgés à qui les plus jeunes peuvent être confiés. Elle y trouve aussi beaucoup plus de calme et de patience et moins de paroles. À l'inverse, le côté très centré des parents occidentaux sur leurs enfants les conduit à être particulièrement soucieux, dans l'emphase permanente, très présents avec des instructions continuelles. Ils s'émerveillent des progrès de l'enfant en s'exprimant avec de nombreux superlatifs exagérés[3]. Mais elle constate que les résultats ne sont pas toujours là. Elle-même se considère comme faisant partie de cette catégorie de parents. Elle reconnaît que cette attitude surinvestie l'épuise, qu'après un week-end de deux jours avec sa fille de 24 mois, elle n'en peut plus alors qu'elle met en pratique toutes les recommandations qu'elle lit.

---

2. Michaeleen Doucleff, *Chasseur, cueilleur, parent*, Paris, Leduc, 2021.

3. Cf. *infra* les méfaits du compliment évaluatif dans la troisième partie.

Le déluge des recommandations

La difficulté pour les parents est qu'ils baignent au quotidien dans les injonctions. On a parlé précédemment d'Internet. Les réseaux sociaux amplifient ce phénomène. On y trouve des posts de stars, d'influenceurs ou simplement de parents très connectés qui vantent les mérites de produits, jeux, activités à faire avec son enfant avec tous les bénéfices que ça peut lui apporter. Une photo de bébé épanoui accompagne ces posts et on ne peut s'empêcher de se comparer. Souvent, les recommandations s'accompagnent de mises en garde si on ne les suit pas : il *faut* faire de telle ou telle manière au risque que son enfant soit malheureux, renfermé sur lui, que ses émotions mal gérées puissent rejaillir négativement plus tard. Il *faut* se mettre au niveau de l'enfant pour lui parler, ne pas dire « non », le laisser faire ses choix, etc. La difficulté est que ces conseils ne vont pas toujours dans le même sens, ne sont pas toujours détaillés et leur application reste souvent floue. Chaque situation étant différente, il n'est pas facile pour les parents de s'y retrouver et de faire la part des choses entre la théorie et la mise en pratique. Ce qui est très clair, en revanche, c'est qu'en les lisant, on se sent pris en faute de ne pas faire *comme il faut*.

Et ce qui marche pour l'un peut ne pas marcher pour l'autre. L'exemple de l'allaitement est assez frappant pour illustrer la puissance de certaines pressions sociétales. II est maintenant reconnu qu'il est souhaitable d'allaiter un enfant. Même l'OMS a émis une recommandation en faveur de l'allaitement exclusif jusqu'aux 6 mois de l'enfant[4]. Des études scientifiques ont montré les bénéfices pour l'enfant dans la prévention du surpoids, du diabète, des infections, etc. Si je suis persuadée de la véracité de ces études et affirmations démontrées par des moyens scientifiques, je peux néanmoins ne pas être en mesure de ou ne pas vouloir allaiter – pour des milliers de raisons qui me sont propres : je le vis mal, je tiens à ce que le père puisse également nourrir notre enfant, j'ai mal quand j'allaite ou encore je trouve cela fatigant, etc. Or la pression sociale peut rapidement me donner l'impression que je suis obligée de le faire, ou du moins que, si je ne le fais pas, je suis une mauvaise mère. Les femmes ressentent alors le besoin de se justifier : « Je n'ai pas pu l'allaiter, car j'ai eu des crevasses très tôt », « je n'avais pas assez de lait »... On n'entendra pas ou très rarement une femme assumer sa décision et dire : « Je n'ai pas allaité car je n'en avais pas envie. » Je vois aussi des mères qui continuent à allaiter après la reprise du travail, quitte à tirer leur lait aux toilettes du bureau quand une salle d'allaitement n'est pas disponible sur place. Est-ce un réel choix ou une obligation qu'elles s'imposent ? Certes, la satisfaction de voir son enfant bien nourri est immense, mais à quel prix, dans certaines situations ? Il y a cinquante ans, l'idée était au contraire de ne pas allaiter. J'entends encore des récits de femmes qui disaient qu'elles n'avaient pas pu le faire à cause de cette pression et qu'elles le regrettaient. S'il fallait encore le démontrer, on voit dans cet exemple

4. World Health Organisation : https://www.who.int/fr/health-topics/breastfeeding#tab=tab_2

que la pression sociétale a un impact conséquent sur les choix individuels (le taux d'allaitement des femmes était de 35 % dans les années 1970 et il est de 50 % aujourd'hui[5]). On peut s'en réjouir, mais il faut que ce soit un choix de la mère et non une nouvelle injonction subie par elle.

On peut être amené à penser qu'il faut faire tout cela, que c'est une nécessité, au risque, sinon, de ne pas apporter le meilleur à son enfant et d'être regardé de travers. C'est très culpabilisant. Au-delà de l'affection et du soin à apporter à son enfant, il faut faire la part des choses entre le nécessaire et le facultatif. Il y a des choix à faire comme on le verra en deuxième partie.

Les pieds dans le plat

L'approche Calmer Parenting proposée dans la troisième partie de cet ouvrage donne des conseils aux parents à la recherche de façons de faire différentes. On pourrait alors se demander si elle ne fait pas partie de cette surabondance de recommandations qui finit par noyer les parents. Mais rassurez-vous, cette méthode[6] propose une démarche à l'opposé de l'injonction : elle invite les parents à réfléchir, en amont, à ce qu'ils souhaitent pour leurs enfants et qui correspond à leurs habitudes et leurs valeurs. Il s'agit avant tout de prendre du recul. La boîte à outils proposée est

5. DREES, « Deux nouveau-nés sur trois sont allaités à la naissance », avril 2016 : https://drees.solidarites-sante.gouv.fr/sites/default/files/2020-08/er958.pdf

6. Approche proposée et détaillée dans mes trois livres précédents : *Je ne crie plus, je ne répète plus, je ne râle plus... je gère !*, Paris, First, 2014 ; *Débranchez vos enfants*, Paris, First, 2017 et *T'as fait tes devoirs chéri ?*, Paris, First, 2019.

là pour aider le parent à aller là où il le souhaite, vers ce qu'il s'est défini comme objectif après une réflexion approfondie sur ses valeurs et priorités. Au cours de ce processus, les parents parlent souvent du déclic qu'ils ressentent quand la démarche proposée leur ouvre la voie à de nouvelles façons de faire plus en phase avec leurs attentes.

Le mythe du wonderparent

Le parent subit la double pression : d'un côté, les attentes sociétales du parent parfait, de l'autre, les attentes du professionnel performant. Ce qui rend sa position encore plus intenable, c'est que tout va dans le sens du « c'est possible ».

Si je veux je peux : les méfaits du développement personnel

L'idéologie du développement personnel, de la réussite personnelle et professionnelle, pousse à se dépasser et fait peser la totalité des difficultés rencontrées sur un manque de volonté ou de méthode de l'individu. Alors que le problème, on l'a vu, est aussi collectif, sociétal. L'injonction à être parfait(e) quotidiennement conduit à l'épuisement et à la confrontation à un sentiment d'échec permanent. On n'est pas là où on pense que l'on pourrait être, sur le plan personnel comme professionnel. On pense que l'on pourrait beaucoup mieux faire, qu'il faut encore mieux s'organiser et être encore plus efficace. La capacité à « réussir » – sa vie professionnelle comme familiale – ne semble qu'une affaire individuelle : à aucun moment on ne pense à se reposer sur le collectif. On est sommés de réussir. C'est la chronique d'un échec annoncé : tous les parents actifs sont victimes du syndrome du wonderparent.

Une étude pour déculpabiliser

Une étude de la Harvard Business School a mis en avant les bénéfices pour les enfants d'avoir une mère qui travaille (l'étude porte sur les mères, car la plupart des pères travaillent, donc la comparaison entre les groupes était moins aisée). Les femmes qui ont eu une mère active poussent plus leurs études, ont plus de chances d'être dans l'emploi et d'avoir des rôles de management. Pour les hommes dont la mère travaillait, cela ne joue pas sur leur scolarité ou leur travail ; en revanche, ils s'occupent plus de leurs propres enfants[7]. De quoi déculpabiliser un peu lorsque l'on dépose son enfant le matin à la crèche pour aller travailler.

Plus de wondermums que de wonderdads

Alors que la société actuelle s'engage sur la voie de la mixité, de l'égalité des genres et de la répartition des tâches familiales, on constate que le poids de la parentalité continue à être plus largement porté par les femmes que par les hommes. Il n'y a pas de jugement sur ce qu'il devrait en être, chaque individu et chaque couple étant différent, mais il est certain que beaucoup de femmes que je rencontre portent avec stress ces injonctions. Lorsque

---

7. Ils passent en moyenne 50 minutes de plus par semaine avec leur famille. Étude réalisée sur 100 000 personnes dans 29 pays. 2015, Harvard Business School : https://hbswk.hbs.edu/item/kids-of-working-moms-grow-into-happy-adults

j'entends une collaboratrice en entreprise dire « Je ne peux pas m'offrir le luxe de prendre du temps pour moi », n'est-ce pas une façon de dire que l'on se sent obligé, contraint de le faire au nom d'un dogme qui nous dépasse, qui est hors de notre contrôle ? Cette phrase ne donne pas l'impression qu'il y ait un choix qui ait été fait sereinement.

Nous allons voir comment la pression sociétale s'exprime au quotidien. Ces injonctions créent des préjugés qui sont en général peu conscientisés. On les retrouve dans les propos de chacun dans les sphères personnelle, professionnelle et publique. Le modèle sociétal dominant place la femme, même si elle travaille, comme pilier de la vie de famille. De fait, il paraît normal de demander à une femme qui revient de congé maternité : « Alors tu t'organises comment avec ton enfant ? » Entendez-vous cette question posée à un homme qui a eu récemment un enfant ? Sans doute que non. La question, en étant dirigée uniquement vers les mères, sous-entend donc que la garde de l'enfant relève de leur responsabilité. Très souvent, elles rapportent des propos qui pointent dans ce sens.

> *Christine, maman de trois enfants et associée dans un cabinet d'avocats, cite cette anecdote : « La crèche m'appelle car mon fils est malade. Étant en pleine réunion client, je lui demande de contacter le papa. À ma grande surprise, elle me répond alors : "Oh, je ne vais pas le déranger pour ça !" »*

La wonderpression

La pression sociétale qui pèse sur les parents est forte. Elle bannit la réflexion, impose des *diktats* et empêche de trouver sa voie.

> *Une jeune maman nous racontait la pression qu'elle avait subie lorsqu'elle était partie en vacances sans son bébé. Son entourage et même des collègues lui ont dit qu'elle était « folle » de laisser son fils pendant deux semaines. Elle a entendu des affirmations telles que « Huit mois, c'est le plus mauvais moment pour laisser son enfant et partir quelques jours en vacances sans lui ! ». Elle l'a pourtant fait, en confiant son enfant à ses parents et cela n'a posé aucun problème. Son fils était content de retrouver ses parents et eux étaient reposés.*

Prendre du recul, avoir conscience des injonctions, permet de mieux décider ce qu'il faut pour son enfant, pour son conjoint, pour soi.

Il est urgent d'arrêter de travailler comme si on n'avait pas d'enfant et d'élever nos enfants comme si on n'avait pas de travail. On propose d'en faire un projet de société, de faire advenir la mue sociétale nécessaire, sortir du combat individuel pour entrer dans un combat collectif. C'est ce que nous verrons en quatrième partie : ce qu'il reste à faire pour parachever la transformation sociétale pour les parents actifs. En attendant, il y a urgence pour le bien-être des parents comme pour celui des enfants. On n'a pas d'autre choix que de bricoler pour survivre à la double vie professionnelle et familiale.

DEUXIÈME PARTIE

Faire redescendre la pression

Toute la pression accumulée par les parents ne peut pas retomber d'un claquement de doigts, et la mue sociétale qui repenserait notre rapport au travail et à la parentalité ne peut advenir du jour au lendemain. Il est donc nécessaire, dans l'urgence, de faire redescendre la pression qui pèse sur les parents actifs. Pour ce faire, nous allons bricoler, car prétendre résoudre un problème systémique individuellement n'est pas réaliste.

Néanmoins, il existe des outils pour calmer la pression et retrouver du plaisir à son quotidien : c'est tout l'objet de cet ouvrage, vous aider à reprendre la main malgré le contexte qui vous maintient dans une logique d'efficacité à tout prix. Vous allez donc apprendre à prendre du recul pour voir ce qui est vraiment important, pour vous concentrer sur ce qui fait sens pour vous, votre enfant, votre famille – et j'insiste, ceci est personnel, vous n'aurez pas les mêmes priorités que votre voisin. Il y a des choix à faire et ceux-ci sont subjectifs, chacun a une vision différente de ce qui est important.

Afin de vous aider, je vous propose ici une démarche de recentrage pour y voir plus clair dans vos aspirations profondes et vous aider à faire des choix plus éclairés et en ligne avec vos valeurs. Cette réflexion permet de prendre de la distance par rapport à ce qu'il faudrait faire pour répondre aux standards sociétaux injonctifs et de mieux choisir ses priorités afin de vous concentrer sur ce que vous considérez comme essentiel. Cela permet d'avancer vers ce qui est important pour vous, de manière à retrouver de la sérénité, du plaisir dans votre quotidien au travail comme à la maison.

Quoi faire ? Se recentrer sur l'essentiel

Prendre un temps d'introspection, de « recentrage », telle est la première étape pour mieux se comprendre et éventuellement amorcer une démarche de changement. Elle permet de sentir ce qui se passe en soi, de s'écouter, de retrouver ses aspirations profondes, de se les exprimer à soi-même. Ensuite, vous verrez comment faire des choix en vous affranchissant de la pression sociétale et en répondant à ce qui est important pour vous.

S'écouter

L'arrivée d'un enfant est un bouleversement. On devient responsable d'un tout petit être, de son bien-être, de sa santé, de son éducation, de son avenir. Tout cela requiert une attention qui, en plus du travail, laisse peu de place pour soi. Souvent, les parents me disent qu'ils ont le sentiment d'être ballottés par les événements, sans maîtrise de leur temps, sans prise en compte de leurs besoins. Ils sont confrontés à une sorte d'abnégation qui irait nécessairement de pair avec le fait d'être parent. Malgré toute la joie apportée par un enfant dans la famille, les parents développent parfois aussi un sentiment de frustration, et de non-accomplissement de soi. Il est important d'oser regarder ce que l'on ressent, même si cela ne répond pas à l'idéal de parentalité promu par la société de la réussite. Comme la parentalité est aujourd'hui désirée, attendue, chérie, on ose parler de ce qui va bien, moins de ce qui est difficile ou de ce qui rend malheureux. Cela fait de l'ombre sur l'idéal de maternité ou de paternité que la société a créé. Aujourd'hui, on commence à lever le tabou sur ces sujets. De manière extrême, un article du *Monde* illustre ce changement, « Avoir fait des enfants est ma plus grosse erreur »[1] : il souligne au travers de témoignages ce sentiment qui peut toucher certaines femmes, même si cela va à l'encontre de ce qui est attendu d'une mère. Oser s'écouter et lire ce qu'il y a en soi est la clé de la démarche : sans regretter forcément d'être mère, la palette des sentiments est infinie dans ce domaine : on peut regretter le temps libre que l'on avait avant d'avoir un bébé, on peut jalouser les jeunes de l'équipe qui s'entendent merveilleusement dans son service parce qu'ils vont boire des bières ensemble le vendredi soir, on peut loucher sur les films du mois en ayant l'impression qu'on ne profitera plus jamais de son abonnement UGC… À partir du moment où on affronte ses sentiments ambivalents par rapport à la parentalité, on peut mieux se comprendre, mieux agir pour accroître son bien-être.

1. *Le Monde*, « Avoir fait des enfants est ma plus grosse erreur », 28 janvier 2022 : https://www.lemonde.fr/societe/article/2022/01/28/avoir-fait-des-enfants-est-ma-plus-grosse-erreur-plongee-au-c-ur-du-regret-maternel_6111304_3224.html

Faites une pause

Pour être à l'écoute de soi, Il faut s'accorder un peu de temps et se poser. Fermez les yeux et demandez-vous : comment je me sens ? Qu'est-ce qui se bouscule dans ma tête quand je fais cet exercice ? Peut-être, dans un premier temps, vous aurez des pensées sur votre *to do* du jour, notez-les sur une feuille pour les évacuer de votre esprit puis fermez à nouveau les yeux. Faites l'exercice jusqu'au moment où vous vous sentez à l'écoute de vous-même : fatigue, joie, tristesse, lassitude, frustration, culpabilité, etc.

Quand je propose cet exercice lors d'ateliers et de coachings individuels que j'anime, le sentiment positif prédomine : la joie d'avoir un bébé, le bonheur de fonder une famille, de vivre des moments uniques. Et le fait d'exprimer cette fierté et ce sentiment d'accomplissement ouvre la voie à d'autres sentiments plus ambigus, voire négatifs, ce que l'on ose parfois moins s'avouer.

Affronter sa culpabilité

La culpabilité arrive très vite. Si ce n'est pas votre cas, tant mieux, profitez-en ! Peu de parents y échappent. Une grande majorité en parle spontanément, que ce soit des hommes ou des femmes : laisser son enfant pour repartir au travail (« J'ai l'impression de l'abandonner »), lui consacrer moins de temps (« À quoi bon avoir fait un enfant si c'est pour le voir deux heures par jour ? »), le faire garder par quelqu'un qui ne s'en occupera pas comme on le ferait soi-même (« C'est fou de réaliser que l'assistante maternelle, que je connais à peine, élève mon fils, puisqu'elle passe cinq fois plus de temps avec lui que moi ! »), etc. La liste de ce que les parents qui travaillent se reprochent peut être très longue. Ils expriment le regret de ne pas avoir assisté aux premiers pas de leur enfant qui ont eu lieu à la crèche, de ne pas être témoin de tous ses petits progrès. Ils se sentent coupables de ne pas passer assez de temps avec lui, de ne pas en faire assez et ils s'attribuent toutes les difficultés qu'ils rencontrent avec leurs enfants. De votre côté, ressentez-vous une certaine culpabilité ? Si oui, essayez d'identifier ce dont vous vous sentez coupable.

La culpabilité s'exprime aussi vis-à-vis du travail. Cela vient de l'impression de ne pas être suffisamment présent pour ses équipes, ses collègues, de devoir dire non à des sollicitations professionnelles. Elle se manifeste par une gêne, celle d'être moins disponible, d'avoir des horaires différents, de ne pas pouvoir donner des coups d'accélérateur quand toute l'équipe est à fond. Vous entendez-vous parfois dire : « Je suis désolé, je ne vais pas pouvoir assister à cette réunion, je dois aller récupérer mon enfant » ? ou : « Désolée, je dois partir, mais je t'envoie ça plus tard » ? Avez-vous l'impression de devoir vous justifier à propos d'une arrivée tardive après un rendez-vous chez le pédiatre ou quand vous devez quitter le bureau alors que tout le monde est en plein travail ? Ou, au contraire, essayez-vous de partir discrètement, de « raser les murs » et de ne rien dire pour que votre départ passe inaperçu ?

Prenez le temps de regarder votre culpabilité en face, d'en dessiner les contours. C'est primordial d'être au clair avec ce sentiment rongeur d'épanouissement, afin de pouvoir, dans un second temps, parvenir à le mettre en sourdine.

Accueillir sa frustration

Une autre émotion, fréquente mais moins facilement exprimée, est celle de la frustration liée à ce qui est vécu professionnellement ou dans la vie de famille. Le parent actif se sent limité dans ses capacités de travail et ses activités personnelles (sociales, sportives, culturelles, associatives ou de détente). Le manque de temps et d'énergie ne permet pas de faire comme avant. Quand l'enfant grandit, certains choix professionnels, tel un refus de prise de responsabilité d'une équipe ou de promotion, d'un poste en province ou à l'étranger, peuvent être infléchis par la parentalité. Avez-vous déjà regretté de manquer une opportunité professionnelle, car vous ne voyiez pas comment faire avec votre charge familiale ? Côté personnel, la frustration vient du sentiment de ne pas y arriver avec les enfants. En grandissant, ceux-ci peuvent devenir « difficiles » – la relation avec un adolescent peut être compliquée. Le parent est désemparé, il a l'impression de s'être investi, d'avoir beaucoup donné pour son enfant, en vain.

Parfois, la frustration se transforme en colère, c'est la goutte d'eau qui fait déborder le vase : il est très douloureux de ne pas y arriver, d'avoir l'impression d'être un mauvais parent avec son enfant... Une énième mauvaise note à l'école, une remarque insolente, la colère d'un tout-petit peuvent suffire à nous décourager.

Florence me raconte qu'elle s'emporte parfois contre sa fille de 2 ans. Cette dernière ne l'écoute pas et n'en fait qu'à sa tête, alors qu'elle a l'impression de faire tout ce qu'elle peut pour sa fille : elle se met à son niveau, lui explique sa demande, reste calme, mais rien n'y fait, la petite se met à hurler en se roulant par terre. La colère prend alors le dessus du fait de son impuissance – sa frustration ! – à changer les choses. Dans ces cas-là, elle s'en veut d'avoir crié sur sa fille.

La frustration peut aussi se manifester par rapport à ce que l'on n'arrive pas à faire dans la gestion quotidienne. Je veux parler de ce qui est inscrit au plus bas de votre *to do* liste mais est important à vos yeux : des aménagements nécessaires chez vous que vous n'avez jamais pris le temps de faire, l'album photo en carafe depuis 2016, l'ourlet des rideaux de la salle de bains à reprendre, etc. Ressentez-vous de l'agacement de voir chez vous des choses qui traînent, des réparations que vous n'avez pas eu le temps de faire ? En télétravail, cet aspect prend encore plus d'importance puisque la maison devient l'environnement quotidien d'habitation et de travail, mais qu'on n'a pas davantage de temps à y consacrer pour autant…

Conscientiser son sentiment d'isolement

Régulièrement, des parents me disent qu'ils se sentent isolés au sens propre ou au sens figuré. Moins de temps pour voir du monde, impression de ne pas être compris, de ne pas être soutenus. Nous avons besoin d'interactions humaines, d'un sentiment d'appartenance, de faire partie d'un groupe. La maternité/paternité peut être un moment où l'on se concentre sur son enfant, et de fait, on s'éloigne des autres, de ses amis, de ses collègues, parfois même de sa famille. Vous sentez-vous seul(e), incompris(e) à la maison ou au travail, avez-vous l'impression de ne pouvoir compter que sur vous, d'être en déphasage par rapport à votre conjoint(e), vos amis, vos collègues ?

Regarder en face sa fatigue écrasante

On l'a vu, le ressenti le plus courant mais pas toujours exprimé par les parents est la fatigue. La charge familiale ajoutée au travail et aux nuits courtes conduit les parents actifs à se coucher tard, à ne jamais se poser ni se reposer. C'est considéré comme un passage obligé, et la tentation est de faire comme si de rien n'était, comme si on pouvait en faire autant malgré tout. Vous êtes-vous déjà posé la question : quel est mon niveau de fatigue en ce moment ? Quelles en sont selon vous les causes ? Est-ce la course de journées non-stop ou un manque de sommeil ? Est-ce que votre enfant se lève tôt ou se réveille-t-il à plusieurs reprises la nuit (ou les deux...) ? Avez-vous des difficultés d'endormissement ?

En France, depuis quelques années, la durée de sommeil des adultes est passée sous le cap des sept heures par nuit. Or, les médecins reconnaissent que l'on a besoin d'au moins sept heures de sommeil pour son équilibre physiologique. Qu'en est-il pour vous ? Parfois, on a l'impression que l'on ne peut rien faire contre ces nuits incomplètes, que d'y penser n'arrangerait rien. Et pourtant, la reconnaissance de la fatigue est une première étape.

Ces différentes facettes de notre ressenti constituent des freins à notre bien-être. Que ce soit fatigue, culpabilité, frustration ou tout ressenti négatif, cela occulte notre vision. On réduit le champ des possibles, on n'ose pas, on abandonne certaines aspirations. L'exemple le plus frappant est la culpabilité envers son enfant : dès que j'ai du temps, je vais m'occuper de lui, on me propose une sortie, je refuse, sans même me demander si j'ai envie d'y aller. Pourquoi ? Parce que tout mon esprit est concentré sur mon enfant, que je ne vois déjà pas beaucoup à cause de mon travail. La culpabilité et la fatigue m'empêchent même de me poser des questions.

Être attentifs à nos besoins

Comme l'explique Marshall B. Rosenberg dans son livre *Les mots sont des fenêtres (ou bien ce sont des murs)*[2], on ne s'écoute pas et on a tendance de fait à estimer que les autres sont responsables de notre mal-être. C'est ce qui amène à juger et critiquer les autres. « Malheureusement, nous dit cet auteur dans son ouvrage, beaucoup d'entre nous n'ont jamais appris à raisonner en termes de besoins ; lorsque nos besoins ne sont pas satisfaits, c'est généralement sur les défaillances de l'autre que nous nous concentrons. Si par exemple les enfants laissent leur manteau sur le canapé alors que l'on voudrait qu'ils les accrochent dans la penderie, on les qualifiera aisément de paresseux. » Ces évaluations d'autrui sont des expressions indirectes de nos besoins insatisfaits. Marshall Rosenberg nous rappelle que l'on doit chercher en nous les raisons de notre bien-être ou mal-être.

2. Marshall B. Rosenberg, *Les mots sont des fenêtres (ou bien ce sont des murs)*, Paris, La Découverte, 2016 (réédition).

Chercher les causes de son bien-être et celles de son mal-être

Être à l'écoute de soi permet d'aller plus loin. Une fois que l'on sait ce que l'on ressent, on peut identifier les causes de son bien-être comme de son mal-être. C'est à ce moment que l'on peut agir et voir ce qui peut être changé pour faire pencher la balance côté bien-être. Il est important de sentir que l'on a une marge de manœuvre, que l'on peut être acteur d'un certain changement malgré les contraintes que l'on a en tant que parent actif. Si je ressens de la fatigue et une grande lassitude, il importe de comprendre d'où cela vient. Est-ce un manque de sommeil ? Ou est-ce à cause de la course effrénée du matin au soir qui ne me laisse pas de répit ? Suivant ma réponse, mes actions prioritaires pour arranger ma situation différeront : je n'adopterai pas la même stratégie selon les causes identifiées de ma fatigue : dans le premier cas je verrai comment gagner une demi-heure de sommeil quotidien en rognant sur mes activités du matin ou du soir, alors que dans le second, je tâcherai de me ménager quelques petites pauses dans la journée ou le week-end pour souffler, faire retomber la pression de mes journées trop remplies. En identifiant précisément les causes de mon mal-être ou de mon inconfort, je peux mettre en place rapidement des aménagements dans mon quotidien et en voir les gains assez vite sans culpabiliser.

Qu'est-ce que je ressens et quelles en sont les causes ? Je vous propose de commencer la démarche pour vous aider à identifier les facteurs de votre bien-être ou au contraire les obstacles à votre épanouissement. Si votre émotion est agréable, c'est que votre besoin est satisfait ; si elle est désagréable, c'est qu'il n'est pas satisfait. Cet exercice peut être plus délicat qu'il n'y paraît mais accrochez-vous ! Et surtout, ne traitez pas par-dessus la jambe ce qui vous fait du bien !

Une mère me disait par exemple qu'elle était heureuse avec son conjoint. Elle l'expliquait en me signalant qu'ils se voient tous les jours (le télétravail et leurs horaires le leur permettent) et déjeunent ensemble deux fois par semaine lorsqu'ils sont en télétravail. On pourrait penser qu'il n'est dès lors pas nécessaire d'en prendre note puisque tout va bien. Mais justement, en tenir compte, c'est aussi pouvoir faire en sorte que cela dure, notamment en ne négligeant pas cet aspect-là de votre emploi du temps. Cela peut devenir un objectif de maintenir cette relation harmonieuse avec son conjoint. Le risque étant sinon qu'en cas de changement de situation (par exemple ne plus avoir autant recours au télétravail), le besoin ne soit plus satisfait et fasse naître des émotions négatives.

À votre tour de jouer. Repensez aux émotions que vous avez identifiées précédemment. Puis réfléchissez à ce qui peut causer ces émotions en essayant d'être le plus précis possible. Notez vos réflexions sur un papier.

Par exemple, vous vous sentez fatigué psychologiquement plus que physiquement. vous identifiez que cette fatigue est due non pas à un manque de sommeil mais au rythme très soutenu, au stress et au manque de temps pour tout faire. Au contraire, la relation avec votre partenaire est plutôt satisfaisante malgré tout. Vous notez que cela vient sans doute des bons moments que vous passez ensemble, sans les enfants, comme le midi lorsque vous êtes en télétravail ou le soir de temps en temps quand vous sortez au restaurant.

Une fois cet exercice réalisé, vous avez fait le point sur vous, votre relation avec vos enfants et votre entourage. Vous pouvez maintenant avancer dans la démarche proposée. L'exercice est itératif. Si vous pensez à d'autres aspects de votre ressenti ou d'autres causes à votre bien-être ou mal-être après, vous pouvez y revenir quand vous voulez.

Où aller ? Faire ses choix

Lors du premier chapitre, vous vous êtes recentré(e) sur vous pour vous écouter et rechercher les causes de votre ressenti. Vous pouvez maintenant passer à la suite de la démarche qui consiste à faire des choix pour améliorer votre ressenti et votre quotidien. La première étape vous a permis d'être transparent(e) et honnête avec vous-même. Ce second chapitre est là pour vous aider à avancer en vous fixant des objectifs qui vous correspondent et à faire les choix nécessaires pour vous sentir mieux. Des choix conscients, qui vous aideront à mieux vivre avec ce que vous avez et avec certains renoncements. Dire non, c'est dire oui à autre chose, encore faut-il en avoir conscience.

Parentalité et renoncement : fixer ses priorités

Les parents que je rencontre sont en général tiraillés entre le souci du bien-être de leur enfant et leurs attentes professionnelles. Ils font spontanément des choix qui sont souvent des renoncements : finis les sorties au cinéma ou avec des copains, les dîners en tête à tête et les week-ends improvisés. On n'y pense même plus, plaçant la présence auprès de l'enfant et la disponibilité pour le travail au-dessus de tout. Les parents font aussi des choix pour leurs enfants mais qui les impactent directement eux-mêmes. Si l'on prend l'alimentation, on donne à manger car c'est un besoin vital, il n'y a pas de choix à ce niveau. En revanche, dans le détail, c'est au parent de choisir le contenu et la façon de préparer le repas, d'acheter tout fait ou de cuisiner soi-même, de prendre bio ou non, etc. Le parent décide en fonction de ses habitudes alimentaires mais aussi de ses convictions (nutritionnelles et/ou écologiques). Il n'y a pas de jugement sur ce qui est mieux, en revanche, cela va avoir un impact certain sur le temps et la charge mentale consacrés à ce besoin. Le risque que l'on rencontre le plus aujourd'hui est de vouloir pousser trop loin chacun de ces besoins, souvent pour de mauvaises raisons – à savoir, la pression sociétale qui fait de vous un mauvais parent pour un oui ou pour un non (vous donnez des petits pots industriels, vous ne faites pas votre liniment vous-même, vous laissez votre enfant au goûter à l'école, etc.). Préparer soi-même les repas, faire faire de nombreuses activités d'éveil à son enfant (soi-même ou en l'accompagnant, donc en effectuant de nombreux trajets), être le plus possible présent auprès de lui car on juge sa présence préférable à celle d'un tiers, se procurer les derniers jeux d'éveil dont on parle dans la presse, etc. C'est alors l'épuisement (d'ailleurs pour le parent actif ou non) qui vous menace. Prendre le temps de se poser et de se demander de quoi a vraiment besoin son enfant et ce qui est important pour soi en tant que parent permet d'éviter de prendre pour argent comptant la totalité des injonctions qui parsèment magazines et réseaux sociaux. « Dans le temps que j'ai avec lui, qu'est-ce qui est important pour lui, pour moi, pour la famille ? » Cela aide à définir ce que l'on veut vraiment.

On en arrive à l'importance de faire des choix pour aller à l'essentiel selon nos critères. La démarche proposée est très autocentrée mais ce recentrage est nécessaire. On part de son ressenti et de son besoin. C'est volontaire, car la tentation d'en faire moins pour soi et toujours plus pour son enfant et son travail doit au moins être conscientisée. L'idée est de faire des choix selon ses priorités et selon son vécu.

Si je sens que j'ai besoin de temps pour souffler le soir, je vais choisir de quitter plus tôt le bureau ou d'acheter un repas préparé pour ne pas cuisiner. Faire des choix n'est pas simple, mais après une réflexion sur le sujet, en se posant et en s'écoutant, on y arrive plus facilement. Lors de cet exercice, on n'oublie pas bien sûr pour autant les enfants et leurs besoins fondamentaux. Un bébé ou un jeune enfant doit recevoir de l'affection et de l'attention. Il a aussi des besoins physiologiques : être propre, dormir, manger équilibré. Un enfant qui a une couche sale est dans l'inconfort et l'exprime par des pleurs, de même quand il a faim, froid, trop chaud ou qu'il a mal.

Lucile, une maman de six enfants et qui a aujourd'hui un poste de direction, souhaite comme la plupart des parents que ses enfants fassent des activités en plus de l'école. Elle s'est prêtée à l'exercice de se demander comment elle pourrait préserver son temps de travail tout en répondant aux besoins de ses enfants. Elle se rendait bien compte qu'accompagner les uns et les autres en semaine ou même le week-end rendrait son travail impossible. Elle a alors décidé de limiter le champ des possibles : les activités devaient se trouver près de chez eux. Elle ne voulait pas les accompagner en voiture ou en bus. Elle s'est recentrée sur ses priorités : faire faire des activités extrascolaires et s'en tenir à ce qui était disponible dans un périmètre proche de leur appartement. Elle a toujours cherché à aller à l'essentiel de ses besoins et de ceux de ses enfants pour se préserver. Avec six enfants et son travail, elle n'avait pas d'autres choix que de s'organiser en tenant compte du peu de temps disponible et de la façon dont elle comptait le mettre à profit pour sa famille. De même, s'il y avait des pots de départ, elle n'allait qu'à ceux de ses très proches collaborateurs et pas aux autres. Elle finissait le soir à 18 heures et lorsqu'elle avait des déplacements à l'étranger, notamment aux États-Unis, elle ne prolongeait pas le séjour pour visiter les environs comme le faisaient ses collègues. Les choix étaient faits des deux côtés. Aujourd'hui elle est très heureuse dans son travail et sa vie de famille et assume ses choix.

S'écouter est important. Comme le dit Christophe André, psychiatre et défenseur de la méditation en pleine conscience : « La vie intérieure n'est pas un luxe mais une nécessité… Elle peut n'être qu'un lointain murmure, mais à qui sait l'écouter, elle est une source d'enseignements extraordinaire pour se connaître, se comprendre et mieux conduire son existence[1]. » C'est ce que nous allons voir ici : com-

1. Christophe André, *La Vie intérieure*, Paris, L'Iconoclaste, 2018.

ment traduire ce qui se passe en nous pour prendre la direction que l'on souhaite donner à notre vie.

Préciser ses objectifs : savoir où on veut aller

Une fois que l'on s'est concentré sur soi et sur ses priorités, on peut préciser ce que l'on veut vraiment. Savoir là où on veut aller, personnellement et professionnellement, c'est comme introduire des coordonnées dans le GPS, une fois la destination connue, on voit mieux comment s'y rendre. Si vous voulez passer plus de temps avec vos enfants, prendre du temps pour vous ou avec votre partenaire, ou encore changer de poste au travail, ça ne se fera pas tout seul. En vous donnant une direction, vous mettez toutes les chances de votre côté pour y arriver.

Comment savoir où on veut aller ?

Je propose d'utiliser le terme « objectif » pour désigner ce que l'on met dans « savoir où l'on veut aller ». Objectif, non pas dicté par un idéal sociétal de parent parfait ou de collaborateurs à la trajectoire professionnelle toute définie d'avance, mais un objectif qui s'ancre dans vos propres besoins et valeurs. Le terme est parfois vu négativement, car il est utilisé dans une logique d'efficacité dictée par l'extérieur. Ici, l'objectif vient en réponse aux aspirations profondes que vous avez identifiées.

L'horizon de l'objectif peut être le court, le moyen ou le long terme, peu importe. Pour certains, c'est à court terme, ce qui est souvent le cas des parents de très jeunes enfants car ils trouvent difficile voire angoissant de se projeter loin, tellement les changements dans leur vie sont importants. Pour d'autres au contraire, envisager des changements à plus long terme permet de s'autoriser des changements en profondeur. Ça peut être dans les trois prochains mois comme dans l'année ou les cinq ans qui viennent. Le champ des possibles est large et peut s'adapter à chacun. Un objectif présente l'avantage d'être modulable : il peut être revisité, réévalué, précisé selon des circonstances nouvelles. En même temps, il peut être spécifique et précis, pour ne pas rester au niveau du souhait ou de l'espoir. On peut de fait vérifier que l'on y est arrivé (et ce que cela a procuré comme bienfait). Si je ressens le besoin de passer plus de temps avec mon enfant, est-ce deux heures ou quatre heures par jour ? Si je me fixe deux heures comme objectif, je peux ensuite évaluer ce que cela apporte en bien-être pour chacun, si cela me paraît suffisant ou si je dois réévaluer mon objectif. Au moins, j'ai une base pour apprécier le changement que j'ai initié. En fonction, mon sentiment de satisfaction et mon bien-être ne seront pas les mêmes.

Pour définir les objectifs, je propose de suivre l'approche SMART (cf. encadré ci-après). C'est un guide simple pour réfléchir en détail à ce que l'on souhaite et se fixer des objectifs concrets et réalistes qui motivent. Cela permet d'être plus déterminé, de sortir du flou qui parfois peut être angoissant – on ne voit pas la sortie du tunnel. Avec des objectifs réalistes, je commence à me dire que c'est possible et à voir comment y parvenir.

Comment préciser son objectif ? Aide-mémoire sur les objectifs SMART

Spécifique : formuler un objectif concret et détaillé. Qu'est-ce qui est important pour moi et que je veux entreprendre ? Par exemple : je souhaite reprendre la course à pied et pour me motiver à le faire régulièrement, je veux participer au semi-marathon de Paris et franchir la ligne d'arrivée.

Mesurable : identifier les indicateurs de réussite. Pour l'exemple précédent, la mesure est le fait d'aller jusqu'au bout et de franchir la ligne d'arrivée. Les questions à se poser sont : comment saurai-je si j'ai atteint mon objectif ? Comment cela va-t-il se matérialiser ?

Atteignable : l'objectif peut être ambitieux mais à ma portée. Il faut être convaincu que l'on peut réussir et, si ce n'est pas le cas, mieux vaut se donner un objectif intermédiaire ou plus réaliste. Par exemple, si je ne cours jamais, je vais commencer par un 10 kilomètres plutôt qu'un semi-marathon.

Réaliste : cela signifie que je dispose des ressources nécessaires pour accomplir l'objectif ou que je peux en disposer (capacité physique, compétences, temps, équipement, argent, etc.). Ai-je les ressources nécessaires à ma disposition ? Pour préparer le semi-marathon, j'aurai le temps de m'entraîner deux fois par semaine, j'ai l'équipement qu'il faut (livre d'entraînement, conseils d'un coach sportif si besoin, chaussures adaptées…).

Temporel : pour atteindre un objectif, il est nécessaire de se fixer un délai. Sinon, on peut avoir tendance à le reporter alors que c'est quelque chose qui m'apporterait bien-être et satisfaction. À quel horizon est-ce que je veux y arriver ? Trois mois, six mois, un an ? Par exemple, je vais me fixer le semi-marathon non pas de l'année en cours mais de l'année suivante pour me laisser le temps de l'entraînement dont j'ai besoin. Ou encore l'année d'après, car mon enfant ira à l'école et la logistique sera un peu plus facile.

Les objectifs peuvent être personnels et/ou professionnels. Dans la démarche proposée, ils découlent des besoins et des priorités que vous avez définis précédemment. Par exemple, je peux manquer de reconnaissance professionnelle depuis que j'ai eu mes enfants et que j'ai levé le pied. Mon souhait est de revenir à des projets plus motivants, plus visibles, plus centraux dans la vie de l'entreprise. Je peux alors me définir comme objectif de changer d'équipe ou de projet. Si je suis dans un cabinet de conseil, sans doute qu'un délai réaliste sera de six mois ; si je suis dans une entreprise du secteur bancaire ou de celui de l'énergie, sans doute qu'il faudra tabler plutôt sur 18 à 24 mois en fonction des opportunités offertes et de la dynamique des ressources humaines. Je peux me dire que cet objectif est réaliste, que j'ai les ressources nécessaires pour y arriver, notamment les compétences et la motivation. On pourrait penser qu'il ne faut s'attarder que sur les besoins non satisfaits. Toutefois, il faut aussi se poser la question de ce que cet objectif peut changer par ailleurs. Si j'ai moins de temps, est-ce que cela risque d'affecter mon équilibre familial ? Il faut alors réfléchir au minimum de temps nécessaire pour préserver cet équilibre (garder des moments avec mes enfants chaque semaine, demander à mon conjoint de prendre le relais sur certaines tâches, me libérer du temps sur des tâches à peu de valeur ajoutée, etc.). Voici quelques exemples d'objectifs que les personnes que j'ai accompagnées ont définis.

Samuel a décidé d'organiser son travail pour rentrer deux soirs par semaine plus tôt afin de faire travailler son adolescent qui a des difficultés scolaires. La situation à la maison ne lui convenait pas. Son objectif était que son fils se sente mieux dans sa scolarité et d'éviter les conflits sur les devoirs non faits le soir après le travail. L'un des axes de changements était d'offrir un accompagnement plus poussé à son fils. Il a donc réorganisé son planning de réunions et décidé de recourir davantage au télétravail pour réussir à rentrer deux jours par semaine à 18 heures à la maison.

Julie n'était pas heureuse, car elle ne vivait pas avec son conjoint et père de son enfant. Elle était à Paris, lui à Lille où il vivait près de son ancienne compagne et de son premier fils. Tous deux voyageaient beaucoup, notamment le week-end pour se voir, et la situation était épuisante. Elle a compris que son objectif était de vivre avec son conjoint et que le mieux serait qu'ils habitent ensemble à Lille. Le fait d'y réfléchir lui a fait prendre conscience des nombreux bénéfices que cela lui apporterait et elle s'est donc donné comme objectif de trouver une solution pour pouvoir déménager. Cela lui a insufflé le courage d'oser demander à son employeur de télétravailler davantage sur son projet afin de pouvoir déménager.

À votre tour maintenant de compléter un tableau sur le modèle ci-après avec vos objectifs. Tenez compte de ce que vous avez répondu précédemment en termes de ressenti et voyez quels objectifs pourront répondre à vos besoins et vous apporter satisfaction à terme.

Spécifique	Quel est précisément mon objectif ?	1	2	3
Mesurable	Qu'est-ce qui me permettra de dire que j'ai atteint mon objectif ?			
Atteignable	Quels sont les obstacles/freins possibles ?			
Réaliste	Qu'est-ce que je peux mettre en œuvre pour mieux avancer vers mon objectif ?			
Temporel	À quel horizon je souhaite atteindre mon objectif ?			

Les objectifs donnent une direction. L'avantage de les avoir est de se concentrer sur les sujets que l'on a choisis car ils sont importants pour nous. On va à l'essentiel mais on va au bout, c'est-à-dire que l'on se donne les moyens d'avancer concrètement vers ce qui nous fait du bien en tant que parent actif. On ne reste pas au stade du souhait.

Faire le point sur ses freins

Une collaboratrice avait coché toutes les cases pour avancer vers une promotion. Cependant, elle n'envisageait même pas de la demander. Elle pensait que ce n'était pas destiné à une maman avec un jeune enfant. Une autre rêvait depuis longtemps de reprendre des cours d'art qui ont lieu une fois par semaine le samedi matin. Elle se disait que ce serait trop compliqué d'y aller, que son conjoint ne pourrait pas assurer seul, qu'il faudrait faire les courses à ce moment-là. Est-ce que ce sont des freins réels ou imaginaires ? Les freins peuvent être réels et insurmontables – par exemple il n'y a pas d'assistante maternelle ni de crèche disponible autour de chez moi dans un rayon de 20 minutes à pied. C'est un fait. Ou ils sont imaginaires ou névrotiques (liés à une peur) – il y a plusieurs assistantes maternelles près de mon domicile mais aucune n'est compétente pour garder mon enfant. Dans ce cas, je me mets sans doute des freins, car je redoute de laisser mon enfant à quelqu'un d'autre que moi. Lorsque l'on veut quelque chose et que c'est important pour soi, il est important de mettre à plat ses freins et de voir s'ils sont ou non surmontables.

Sandrine, lors d'un atelier de retour de congé maternité, s'est fixé comme objectif d'être promue manager expérimentée l'année prochaine. Elle a fait le tour de ce qu'elle pouvait apprendre à son niveau et a envie de faire autre chose, notamment de commencer à avoir une petite équipe et gérer un pan du projet par elle-même. Lorsque je lui demande si son objectif est réaliste et atteignable, la réponse est oui : elle a déjà les compétences. Elle était en fait éligible avant son départ en congé maternité. Mais elle se mettait des freins et se disait que cela lui prendrait trop de temps, donc elle n'avait pas encore demandé d'entrer dans le processus de promotion. Or après réflexion, elle se rend compte qu'elle a envie de le faire, que cela lui apportera de la satisfaction et de l'intérêt dans son travail. Elle pense aussi qu'après une phase d'adaptation, ce nouveau poste ne lui prendra pas plus de temps qu'aujourd'hui, ce qui est aussi important pour elle.

Lorsque les freins sont réels, il faut sans doute revenir sur son objectif et le reformuler ou trouver une alternative pour se sentir mieux. Ainsi, un parent épuisé par les nuits entrecoupées de son bébé de quatre mois ne pourra pas se donner comme objectif que son enfant dorme mieux – du moins pas à court terme. En revanche, il pourra se donner comme objectif de réduire sa fatigue en s'autorisant des siestes le week-end et en recherchant une solution de garde pour son enfant l'après-midi afin de pouvoir réellement se reposer.

Comment faire ? Agir au quotidien

Beaucoup de bonnes résolutions s'arrêtent au stade de la définition. J'entends souvent des parents me dire qu'ils veulent reprendre le sport : cet objectif ne paraît pas insurmontable sur le papier. Pourtant, trois mois plus tard, rares sont ceux à avoir atteint leurs objectifs. Seulement la moitié d'entre eux se sont inscrits à un cours de gym ou ont pris un abonnement dans une salle de sport. Et parmi ceux-ci seulement quelques-uns y sont allés effectivement. Certains le vivront bien, mais d'autres, pour qui c'est une priorité de se sentir bien, le vivront mal, se sentant en plus incapables de tenir leurs résolutions.

C'est la difficulté que rencontrent de nombreux parents. Ils ont défini le *que faire*, mais pas le *comment faire*. Ils ont prévu de prendre du temps sur l'heure du déjeuner, ce qui paraît réaliste par rapport aux horaires de travail et aux contraintes de réunion, mais rien ne s'est passé. Est-ce un manque de volonté ? C'est ce qu'ils se reprochent à eux-mêmes. Pour beaucoup, l'objectif clair ne suffit pas, il faut souvent voir comment le mettre en œuvre concrètement. À cette fin, je partage cinq pistes qui ont fait leurs preuves et peuvent aider chacun à avancer plus sereinement au quotidien : prioriser sa *to do*, ajuster son organisation, affirmer avec confiance (et moins de culpabilité) ses limites, reprendre son souffle et s'affranchir des stéréotypes.

Comment prioriser

Chaque jour, la *to do* du parent actif est très longue et, comme chacun en fait l'expérience, elle n'est pas épuisée entièrement en fin de journée. Il faut donc en permanence arbitrer, effectuer des choix entre toutes les choses qu'il faudrait faire. Le wonderparent ne peut pas prioriser ses activités car il pense qu'il doit tout faire. Lorsque l'on est au moment de choisir, on peut être tenté de vouloir tout faire, de prendre quelques minutes de plus pour répondre à tel mail urgent. Mais à long terme, ce qui e fait du bien, c'est de faire des choses qui me donnent satisfaction. D'où l'intérêt d'opérer des choix en amont, et non dans l'instant. Comme on l'a vu, il faut choisir ses priorités et ses objectifs.

Reprenons l'exemple du semi-marathon pour comprendre à quoi correspond la mise en action. Aujourd'hui, je cours 10 kilomètres, mon objectif est de pouvoir courir le double de ma distance actuelle pour franchir la ligne d'arrivée du semi-marathon l'année prochaine. Pour y arriver, je peux miser sur le fait d'être en forme le jour J et me dire que ça le fera, ou je peux prévoir de m'entraîner d'ici là. Dans ce dernier cas, je vais prévoir des courses à pied une ou deux fois par semaine, sur de longues distances ainsi que des « fractionnés » (alterner des courses très rapides et normales). Quand on n'a pas d'enfant, cela peut paraître relativement simple, mais quand on en a, il est nécessaire de revoir son organisation pour se libérer le temps nécessaire à ces entraînements. Ça peut être de se coordonner avec son conjoint ou sa conjointe pour courir tôt le matin, de prévoir d'arriver plus tard au travail deux jours par semaine (et courir lorsque l'enfant est gardé), ou de prendre un baby-sitter en fin de journée.

Pour tenir ce que j'ai choisi de faire, je dois aussi faire du nettoyage dans mon agenda régulièrement. La matrice d'Eisenhower est un outil simple et efficace pour prendre un peu de recul et prioriser au quotidien. Cette dernière permet de poser ce que l'on a à faire sur une matrice à deux axes : urgent x important.

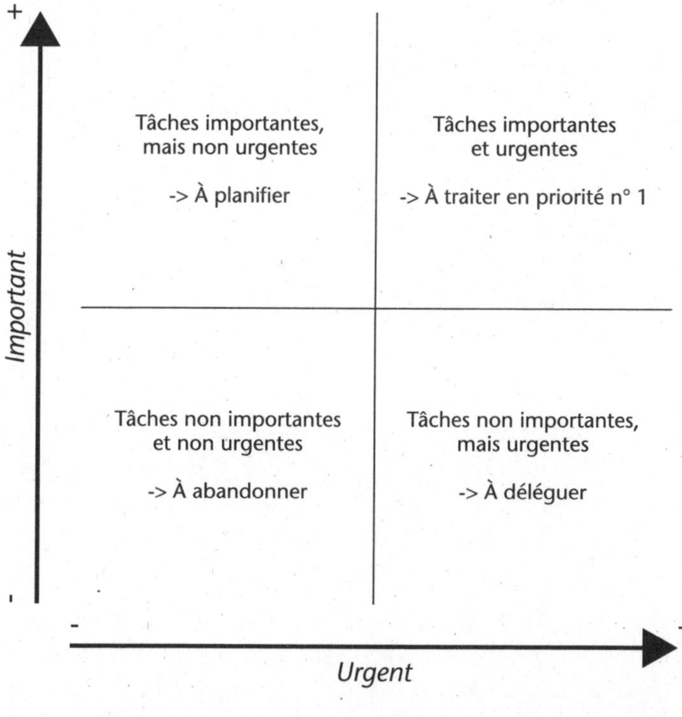

En haut à droite, vous inscrivez ce qui est urgent et important et donc ce que vous voudrez vraiment faire. En bas à gauche, vous avez le nice-to-have *: ce qui est chouette*

à avoir mais n'est pas vraiment indispensable pour vous. Ce n'est, de votre point de vue, ni urgent ni important et vous pouvez y revenir plus tard, voire l'oublier. Ce qui est important dépend de vous et est fonction des objectifs auxquels vous avez réfléchi précédemment. De cette matrice dépendra votre priorisation : si c'est urgent et important de faire les devoirs avec votre ado en difficulté scolaire, la cinquième réunion de la journée pourra sauter ; si ce qui est urgent et important est d'en faire moins car vous êtes épuisé(e), lâcher sur l'aide aux devoirs à la maison vous permettra d'alléger votre charge mentale et de grappiller quelques minutes pour vous poser.

Remplir cette matrice une fois par semaine permet de se donner des priorités et de mieux voir ce que l'on veut avoir accompli et ce qui peut attendre, voire ne pas être fait du tout. Parfois, l'objectif sera de se mettre moins la pression, de ne pas accepter toutes les demandes de dernière minute qui me sont faites (professionnelles ou personnelles) pour me préserver : vous avez tout à fait le droit de sortir de la performance dans votre case « urgent et important » et ainsi d'y inscrire : « trouver deux heures par week-end pour bouquiner dans le canapé ». Rattacher certains efforts à un objectif auquel on tient permet de s'y tenir plutôt que de reporter pour la énième fois : par exemple, aller courir le matin même si c'est l'hiver. De même, renoncer à certaines choses peut être difficile mais quand je vois ce que j'inscris en priorité, je réalise que je fais des choix : lâcher sur le rangement du linge propre qui s'accumule dans la bassine sans que personne ne s'en soucie et, à la place, m'installer quelques minutes dans le canapé pour lire un magazine – et à terme, vous obtiendrez en plus la satisfaction de constater que chacun comprend le message quand il n'a plus de chaussette propre dans son tiroir et prend l'habitude de récupérer son linge dans la bassine en passant. Même si le résultat n'est pas parfait car le linge traînera plus longtemps que vous le souhaitez, vous aurez pris le temps de vous détendre.

Renoncer, c'est dire oui à autre chose. Remplissez la matrice pour cette semaine, et voyez ce qu'il en ressort. Vous verrez les arbitrages du quotidien différemment. Ce qui est urgent et important peut être d'aller courir ou de passer plus de temps avec les enfants. Finalement, je réalise que les courses peuvent attendre, que l'on fera avec ce qu'il y a au congélateur car ce que je veux vraiment c'est faire du sport ou être un peu tranquille avec mes enfants.

La démarche proposée est rationnelle. Elle permet de trier et prioriser au quotidien parmi tout ce que l'on pourrait faire. Avec cet outil, on peut se diriger dans la direction que l'on souhaite sans se laisser déborder. Au quotidien, nos décisions sont souvent plus spontanées et émotionnelles. Regarder plus loin permet d'ajouter un peu de raison et une satisfaction à plus long terme.

Ajuster son organisation pour tenir compte de ses priorités

L'organisation est la base de l'équilibre quand on travaille et que l'on a des enfants. Comment l'enfant est-il gardé ? Quelle organisation pour les parents le matin et le soir ? Comment tenir compte dans son organisation de ses priorités et de contraintes souvent variables ? Une réflexion est à mener autour de ce sujet, car c'est vraiment la clé de voûte de votre quotidien. Elle passe par le choix de la garde d'enfant pour les jeunes enfants, par les horaires de travail que l'on a – ou que l'on se donne (en fonction de son poste), par l'entourage (parents, familles, amis, connaissances). Toutes ces variables peuvent dans une certaine mesure être ajustées pour mieux répondre aux objectifs que vous vous êtes fixés.

Christine et Damien, parents de trois enfants et consultants, décident d'allonger d'un quart d'heure les horaires de leur garde à domicile pour ne pas avoir à courir le soir. Ils s'efforcent toutefois de rentrer le plus tôt possible ; cela reste leur objectif. Mais, avec ce sas de sécurité, ils n'arrivent pas stressés quand une réunion dépasse un peu ou lorsqu'ils sont coincés dans les transports. C'est un choix financier et d'organisation qui leur apporte plus de flexibilité et leur enlève de la pression, ce qui est leur priorité.

Le mode de garde des jeunes enfants

Le mode de garde du jeune enfant est lié à ce qui existe près de chez vous ou de votre travail. On regarde ce qu'il est possible de faire en fonction de l'endroit où l'on habite ou de celui où l'on va travailler (s'il est possible d'aller avec l'enfant jusque-là). Ça peut être la crèche municipale, familiale, privée, ou une assistante maternelle, ou encore une garde à domicile. Ensuite il y a les préférences des parents pour un mode de garde ou l'autre, avec des critères tels que les avantages des structures collectives (sociabilisation), des gardes individuelles ou avec peu d'enfants (moins de risque d'attraper tous les virus qui courent), la distance par rapport à son domicile, le fait d'avoir un seul ou au contraire plusieurs enfants. Une fois les différentes options posées et les préférences établies, je conseille d'intégrer vos objectifs : qu'est-ce qu'il vous faut à vous pour pouvoir tenir dans la durée le rythme lié à ce mode de garde. Je vois des parents qui préféreraient la crèche mais optent pour une garde à domicile car cela leur permet de ne pas être dans la course permanente ou de ne pas avoir tous les quinze jours leur enfant malade avec eux à la maison car il a été refusé par la crèche. Ils sont ainsi plus détendus en famille le soir. Ils font un choix, celui de renoncer à une structure collective pour apaiser leur vie de famille et donc s'offrir autre chose. Aujourd'hui, de nombreux parents préfèrent la crèche pour leur enfant. Mais en France, seulement un enfant sur huit environ trouve une place en crèche[1]. Sur ce sujet, il y a aussi une certaine pression sociétale pour préférer ce mode de garde. Pourtant, ce qui est important c'est de regarder ce qui répond à ses besoins et aux vôtres et de faire des choix en conscience pour une satisfaction à long terme.

L'organisation autour du mode de garde ou de l'école

L'organisation ne se limite pas au mode de garde ou, plus tard, à l'école. C'est aussi qui accompagne l'enfant, qui va le chercher ou relève la nounou, qui rentre pour faire faire les devoirs… De nouveau,

1. *Les Échos*, 22 novembre 2018 : https://www.lesechos.fr/pme-regions/actualite-pme/les-creches-face-a-la-realite-des-chiffres-149443

ce sont des points importants du quotidien dont il faut tenir compte pour avoir des journées moins intenses. Par définition, il faut bricoler avec ce que l'on a et voir comment on peut s'organiser au mieux. Plusieurs pistes sont à explorer et peuvent vraiment aider. Il y a en premier lieu la concertation entre les deux parents, mais aussi le fait de faire appel à des grands-parents, des voisins, des baby-sitters, etc. Souvent ces pistes ne sont pas suffisamment exploitées. Le wonderparent essaie de surmonter seul toutes les difficultés et notamment celles liées à la garde des enfants. Ce n'est à ses yeux pas un problème, il prend sur lui mais finit parfois par supporter une pression colossale. Il peut être important de poser les choses et reconnaître que l'on ne peut pas tout faire puis d'identifier les ressources en présence : d'autres modes de garde ou des ajustements au mode de garde en place, l'autre parent, les grands-parents, les amis, etc. C'est pour cela qu'il est opportun d'envisager différentes pistes et de voir ce qu'elles peuvent offrir comme option pour une organisation plus souple et moins contraignante au quotidien.

Tout d'abord, il est intéressant de revoir la répartition des tâches au sein du couple. Cela reste la piste privilégiée par de nombreux parents que j'accompagne pour répartir les contraintes de l'un et de l'autre et assurer une présence auprès des enfants. Lorsque je soulève ce sujet lors des ateliers de retour de congé maternité, les participantes commencent souvent par une réévaluation de l'organisation dans le couple, dans le « qui fait quoi et quand ». Finalement, pris dans le quotidien avec l'enfant, le sujet est peu discuté entre parents. Or, c'est une des clés. D'ailleurs, après discussion, des ajustements sont très souvent entrepris pour mieux répartir les tâches entre les parents, leur permettant de se libérer du temps, d'éviter la course du quotidien certains jours. Ce qui est important c'est de poser les choses, d'en parler et de se coordonner. Chacun peut faire des efforts pour l'autre.

Samia avait pris l'habitude pendant son congé d'accompagner chaque matin leur aîné à l'école. Après sa reprise, elle a décidé de parler à son mari de sa charge de travail et de la pression qu'elle supportait depuis son retour au travail. Après avoir revu leurs organisations respectives, le papa a proposé d'amener leur fille à l'école au moins deux fois par semaine pour qu'elle puisse commencer sa journée plus tôt.

Reste que même une fois en place, l'organisation, quelle qu'elle soit, est souvent fragile car soumise à de nombreux aléas : l'assistante maternelle est malade et doit être remplacée au pied levé, le baby-sitter qui fait les sorties d'école reprend ses études et vous quitte, les grands-parents qui gardent l'enfant chaque mercredi doivent s'absenter un mois, l'enfant est malade et ne peut rester à la crèche, etc.

Clara raconte comment après avoir eu une discussion lors d'un premier atelier sur la revue de ses priorités, elle a fait le choix, un jour où sa baby-sitter était absente, de demander à ses amis s'ils pouvaient récupérer sa fille à l'école. Ils ont accepté et elle a ainsi pu se rendre à une réunion qui était importante pour elle. Sa fille était très contente d'avoir été bichonnée pendant quelques heures par les amis de sa mère et cette dernière était soulagée d'avoir assisté à une réunion qu'elle avait préparée depuis plusieurs jours.

On peut bricoler ponctuellement mais aussi prévoir et anticiper le fait qu'il y aura des aléas. Il faut être réaliste et penser que cela peut arriver. Soit on est prêt à ajuster son rythme de travail quand cela survient, soit il est intéressant d'avoir un plan B en cas d'urgence, comme une voisine qui peut vous dépanner ou un étudiant qui habite près de chez vous et est assez disponible.

Éléonore, mère de quatre enfants et avocate dans un cabinet anglo-saxon, me raconte qu'elle a mis en place une organisation à plusieurs niveaux pour éviter le stress et parer les aléas. Elle a une garde à domicile plus une liste de plusieurs baby-sitters qu'elle peut contacter au besoin, si un enfant est malade ou si la garde d'enfant a un problème.

Jouer sur l'organisation du travail

Le changement d'organisation peut aussi se faire *via* le travail. On peut choisir de réduire son temps de travail. Le temps partiel est l'option la plus répandue. Souvent il s'agit d'un quatre cinquième, mais le neuf dixième peut aussi être une bonne option (il correspond à une demi-journée par semaine ou une journée off toutes les deux semaines).

Claire, cadre supérieure dans son entreprise, a fait toute sa carrière en travaillant à 90 %. Elle était très contente d'avoir pu le faire, notamment quand les enfants étaient jeunes car cela lui permettait de passer plus de temps avec eux. Elle continue sur ce rythme même lorsque les enfants ont grandi, pour être avec eux et parce que cela lui permet de trouver un bon équilibre avec son travail.

La limite du temps partiel est bien sûr financière, d'autant plus lorsque l'on est payé moins pour assumer une charge de temps plein dans les faits. Pour se prémunir au maximum de ces dérives, il faut examiner en amont comment la réduction du temps de travail sur votre poste sera organisée. Parfois aussi, le temps partiel impacte la carrière, car certains postes ne sont pas rendus accessibles pour les personnes n'étant pas à temps plein. Il y a peu de bonnes raisons pour imposer des limites à des personnes à temps partiel mais c'est encore parfois une pratique.

Hélène, collaboratrice dans un cabinet de conseil, qui avait une carrière ascendante, a choisi un 80 % lorsqu'elle a eu son troisième enfant : elle a alors dû renoncer à progresser dans la pyramide et est restée experte, sans espoir de passer un jour associée.

Le temps partiel, bien que très privilégié, n'est pas la seule solution : dans certaines entreprises, notamment dans le domaine des technologies, des options plus originales existent. Elles consistent à ajuster de différentes façons ses horaires et ses jours travaillés en jouant sur le temps de travail quotidien (s'assurer que l'on fait ses heures mais sur des plages horaires différentes de ce qui se fait habituellement). L'autre option, que l'on voit rarement mais qui existe, consiste à obtenir plus de jours de congé dans l'année en le prenant sur les vacances scolaires.

Loïc finit de travailler deux fois par semaine à 16 h 30 pour aller chercher ses filles à l'école et passe ensuite du temps avec elles. Les jours où sa femme, qui est vétérinaire, n'est pas à son cabinet, il fait des journées de travail plus longues. Il est transparent avec son employeur qui accepte ses horaires variables d'une journée à l'autre. Cela ne veut pas dire que c'est une situation idéale, le système a ses limites. Le père donne comme exemple un après-midi où il était rentré chez lui mais devait participer à une réunion importante avec ses responsables et l'une de ses filles était venue le solliciter avec insistance plusieurs fois pendant qu'il parlait, l'interrompant en pleine présentation. Mais c'est son choix et il accepte ces situations qui restent finalement assez rares.

Emmanuelle, dirigeante d'entreprise, a, pendant des années, pris 25 jours de congé supplémentaires par an afin de disposer de toutes les vacances scolaires avec ses enfants. Cette solution présentait l'avantage d'être assez peu visible pour son entourage professionnel, car beaucoup de personnes sont absentes pendant les congés scolaires, et souvent il y a moins de réunions importantes dans ces périodes-là. En contrepartie, elle devait bien s'organiser et déléguer ou, de temps en temps, garder un œil sur ce qui se passait même pendant ses vacances car elle avait un poste de direction.

Les options pour revoir son organisation ne sont pas infinies, elles sont entre autres contraintes par le temps, les aspects financiers, la disponibilité de solutions de garde près de chez soi, l'entraide entre familles du quartier... Mais prendre le temps de les étudier et en faire la demande à son entreprise sans partir du principe que cela ne marchera pas apporte souvent des solutions pour mieux vivre parentalité et travail.

Savoir dire oui, savoir dire non

Lorsqu'un collègue vous demande de l'aide sur un dossier ou que votre responsable vous sollicite pour le représenter à une réunion interne, il est peu probable que vous refusiez. On essaie toujours de tout faire, de dire oui à tout. Notre éducation et les codes sociaux nous conduisent à faire ce que l'on nous demande. Dans son livre *En avant toutes !*[2], Sheryl Sandberg souligne la difficulté que l'on a, notamment les femmes (qui sont l'objet de son ouvrage), à refuser. Elle montre que cela les amène à effectuer des tâches qu'elles n'avaient pas prévues et qui souvent sont à faible valeur ajoutée, non valorisées et qui leur prennent du temps. Comment faire au quotidien pour savoir dire oui quand on le veut vraiment et apprendre à dire non lorsque l'on doit prioriser ? Plusieurs pistes peuvent vous aider.

Tout d'abord, il faut être clair sur ce que l'on veut. C'est l'objet du chapitre précédent de vous aider à définir vos objectifs et ainsi éclairer vos priorités. Si vous considérez que ni la demande de votre collègue ni celle de votre chef ne s'inscrivent dans votre plan, voire vous empêchent de faire des choses qui vous font avancer, vous pourrez plus facilement les refuser. Bien sûr, libre à vous d'accepter pour les aider, mais ce sera alors un choix, pas une obligation.

Savoir dire non sans froisser son interlocuteur

La question qui se pose pour beaucoup, c'est comment dire non tout en restant politiquement correct, sans froisser ? Faut-il s'excuser, se justifier, être ferme ? Voici quelques astuces pour être assertif sans agressivité, ce qui souvent est la meilleure attitude à adopter. Vous pouvez interroger la pertinence de

2. Sheryl Sandberg, *En avant toutes !*, Paris, Lattès, 2013.

la demande quand vous estimez qu'elle n'entre pas dans votre périmètre ou qu'elle entre en conflit avec d'autres tâches que vous avez prévu de réaliser. Si la demande émane de votre supérieur hiérarchique, vous pouvez questionner ses propres priorités en disant : « Je termine actuellement la présentation pour le prochain point d'avancement, alors je pourrai terminer soit ton rapport soit ma présentation pour ce soir. Qu'est-ce que tu juges prioritaire ? » Vous pouvez aussi refuser en revenant à votre besoin. « J'ai besoin de garder du temps pour finaliser le projet A. Est-ce que la fin de semaine vous convient pour votre demande ? » Si vous êtes à votre compte, c'est la même chose, vous pouvez dire à vos prospects ou clients que vous avez besoin de quelques jours pour répondre à leur demande et prendre en compte leurs exigences – d'autant plus qu'eux-mêmes ne se gênent pas pour vous répondre plusieurs jours, voire semaines, après. Prenez le temps de qualifier leur demande, de récupérer auprès d'eux les informations qui vous aideront (dans le processus de vente ou dans le projet) plutôt que de vous précipiter. L'idée est de montrer les limites de ce que l'on peut faire et de proposer d'ajuster en fonction des impératifs professionnels, car ne l'oubliez jamais : à l'impossible nul n'est tenu !

Oser partager ses contraintes horaires

Parfois, vos interlocuteurs ne voient pas la limite de temps et c'est pour cela qu'il est important de partager à l'avance vos contraintes personnelles. Votre entourage, y compris professionnel, doit savoir quand vous êtes disponible. Une personne à temps partiel qui a clairement annoncé son jour *off* pourra plus facilement dire : « Souviens-toi, je ne travaille pas le mercredi, j'avance donc autant que possible aujourd'hui et finirai si besoin après-demain. » Il faut rappeler régulièrement vos indisponibilités et de façon claire, par exemple en signature d'emails en ajoutant une mention : « Ne travaille pas le mercredi. » Vous avez renoncé à une part de votre salaire pour ce temps de disponibilité supplémentaire avec votre famille, ce n'est pas pour l'offrir à vos collègues.

Si vous avez des contraintes horaires, il faut aussi les clarifier. Par exemple dire : « Je finis tous les soirs à 17 h 30. » En fonction de votre travail, cela peut être considéré comme tôt par rapport à ce qui est attendu de vous compte tenu de votre poste et de votre niveau de responsabilité. Dans ce cas, présentez vos contraintes, mais aussi les moments où vous êtes là. Ainsi, vous pourrez dire : « J'ai une nouvelle organisation : les mardis et jeudis, je commence à 8 heures et je finis à 17 h 30. Ces jours-là, dernière réunion pour moi à 16 h 30. » De nombreux parents adoptent ce type d'horaire un peu décalé, et il est important que l'on sache comment vous êtes organisé(e) en interne pour en tenir compte plus systématiquement.

Lorsque vous changez votre organisation, vous pouvez être force de proposition. L'idée n'est pas de lister vos contraintes en espérant que votre entourage professionnel l'approuve et l'accepte. On ne peut pas être dans la pure revendication et imposer en permanence ses horaires. En revanche, vous pouvez expliquer en quoi votre organisation tient compte de vos contraintes personnelles mais aussi du travail que vous faites. Vous avez ainsi une démarche proactive.

Chrystel travaille dans une banque d'investissement. De retour de congé maternité, elle s'était organisée pour déposer ses trois enfants le matin et son mari les récupérait le soir. Elle arrivait relativement tard au bureau en raison des temps de trajet, vers 10 heures, mais pouvait rester le soir jusqu'à 19 heures, voire parfois au-delà. Au bout d'une semaine, son manager lui fait remarquer son arrivée tardive et lui demande d'essayer d'arriver plus tôt. Plutôt que de dire oui, elle lui explique qu'il y a deux options. Soit elle arrive tôt le matin (son mari amène les enfants à l'école), et elle part vers 17 heures le soir, soit elle continue comme aujourd'hui avec le bénéfice de pouvoir travailler le soir notamment quand il y a des deals avec les États-Unis. Elle propose à son manager de choisir. Celui-ci a vite vu ce qui était dans l'intérêt de tous.

De nombreuses personnes qui ont plusieurs années d'expérience avec des horaires parfois un peu décalés par rapport au reste de l'équipe mentionnent aussi l'importance de la flexibilité et de savoir accepter ponctuellement une réunion importante même si elle tombe sur le jour de quatre cinquième ou à 18 heures. C'est dans l'intérêt de tous que le travail reste fluide, c'est-à-dire que vos contraintes ne soient pas perçues comme retardant l'équipe, et de montrer que vous demandez des efforts à vos collègues et que vous-même êtes prêt à faire parfois des compromis sur votre emploi du temps.

De même, si vous êtes adepte du télétravail, éduquez vos proches à respecter vos horaires ! À la maison, cela peut passer pour les jeunes enfants par un panneau sur la porte où vous travaillez. Si le panneau indique un feu vert : votre enfant peut entrer, si c'est un feu rouge, il ne peut pas et doit attendre. Pendant le confinement lié à la crise sanitaire, c'est ce que je proposais aux parents et nombre d'entre eux l'ont mis en œuvre avec un bon taux de succès. Ça marchera aussi au passage pour votre partenaire.

Et ne pas s'interdire pour autant de dire oui !

La même démarche est applicable dans la vie personnelle. Libérons-nous des attendus sociaux qu'un bon parent est censé respecter.

> *Alexia, mère de six enfants et membre du comité exécutif d'une société de développement logiciel, a choisi de travailler à 80 % afin d'être de retour à la maison à 18 heures tous les soirs. Elle voyait ainsi ses enfants tous les jours. Mais malgré son temps partiel, elle ne pouvait pas tout faire : notamment elle avait renoncé par exemple à faire des gâteaux ou de la cuisine avec ses enfants, laissant cette activité aux grands-parents s'ils le voulaient ; et donc elle ne culpabilisait pas là-dessus. Elle était très sereine sur ses choix car elle savait que pour se sentir bien professionnellement, il fallait qu'elle se garde du temps pour son travail.*

Dire non, c'est aussi se laisser le temps et la bande passante pour dire oui à ce qui entre dans vos objectifs. Avoir des enfants ne signifie pas dire non à des opportunités intéressantes. Les parents actifs se mettent souvent des freins par rapport à de nouveaux défis professionnels, de peur de ne pas réussir ou de manquer de temps pour se lancer à fond (du moins ce qu'ils imaginent qu'il faudra comme temps pour y arriver). On est toujours dans cette injonction où un travail demande nécessairement une disponibilité à toute épreuve. L'attendu semble inatteignable pour un parent. Pourtant, si, au travail, on vous propose des responsabilités ou une promotion que vous souhaitez, il est important de savoir dire oui. On peut être hésitant, se demander si cela ne prendra pas encore plus de temps… On est tenté de se dire : plus tard, quand j'aurai plus de temps… Mais le projet ou la promotion risque de ne plus vous être proposé. Si l'opportunité ne vous intéresse pas, c'est une bonne raison de refuser, mais si le défi vous plaît dans l'absolu indépendamment de vos contraintes, alors il faut sérieusement l'envisager. Car à long terme, c'est aussi les changements qui nous font avancer et donnent de la motivation et du sens au travail quotidien.

Gwenn, mère célibataire de deux enfants et chargée de l'innovation dans une grande banque, avait très envie de monter un projet de développement des compétences informatiques chez les jeunes des banlieues défavorisées, notamment les filles, pour leur donner le goût de la programmation et potentiellement plus tard leur permettre de se lancer dans des métiers porteurs du domaine du numérique. Pourtant, il semblait peu raisonnable de se lancer dans l'entrepreunariat dans sa situation. Plutôt que de s'interdire de rêver, elle a étudié toutes les possibilités et découvert l'intrapreneuriat – qui permet aux employés d'une entreprise de mener un projet extérieur au sein de leur entreprise, donc en gardant la sécurité de l'emploi et sans mettre leur carrière entre parenthèses. Son projet est un succès aujourd'hui. Elle reconnaît que ce n'est pas simple de mener sa carrière au sein de la banque et son projet de front, mais elle en est profondément satisfaite. Comme son projet est accompagné par son entreprise, il lui est octroyé du temps sur son temps de travail pour le faire avancer. Elle se donne pour autant toujours comme objectif d'être tous les soirs avec ses enfants, qu'elle couche tôt pour se garder du temps pour elle et éventuellement retravailler quand c'est nécessaire.

Savoir dire oui, comme apprendre à dire non, rejoint l'idée d'assertivité : affirmer ses choix sans agressivité, en communiquant auprès des autres. Si des demandes incessantes vous tombent dessus, demandez-vous si vous êtes clair(e) sur votre disponibilité, vos limites, vos contraintes. L'assertivité, c'est rester droit dans ses convictions tout en étant souple dans la manière de les imposer.

La troisième vie du parent

Les parents qui travaillent ont souvent besoin de reprendre leur souffle, de décompresser, de prendre du recul. C'est pourquoi il est primordial de cultiver ce que j'appelle la troisième vie du parent. Se préserver une troisième vie, même en pointillé car le temps manque pour faire tout ce que l'on souhaiterait, est très utile pour sortir du syndrome du wonderparent qui est coincé entre sa vie professionnelle et sa vie familiale. La troisième vie peut être du temps pour soi, pour le couple, ou plus largement pour son entourage. À chacun de voir en fonction de ses envies et besoins.

Temps pour soi, temps pour son couple

Souvent, le conseil donné aux jeunes parents est qu'il est important de prendre soin de soi. La collaboratrice citée précédemment – qui disait : « Je ne peux pas m'offrir le luxe de prendre du temps pour moi » – a raison : le temps c'est du luxe, mais le risque de rogner sur son temps n'est pas négligeable : c'est l'épuisement. De 5 à 8 % des parents seraient concernés par le burn out parental[3], et beaucoup plus le sont par une grande fatigue et l'épuisement. Certains parents disent ne plus se reconnaître tellement leurs réactions ont changé, ils sont devenus irritables, élèvent facilement la voix contre leurs enfants, ont perdu leur enthousiasme au quotidien. Une des clés pour sortir de ce cercle négatif et retrouver son énergie est de trouver une façon de reprendre son souffle. Mais c'est souvent ce qui est négligé. Le wonderparent se met tellement la pression pour tout faire qu'il a l'impression d'être égoïste s'il prend une heure pour faire du sport ou se détendre en écoutant de la musique, affalé dans le canapé.

J'ai accompagné une maman, Maria, dont la petite fille était gardée par ses parents qui habitaient juste en face de chez elle. Comme elle était en télétravail, elle profitait de sa pause de midi pour passer la voir car la fillette ne dormait pas bien chez ses grands-parents. Elle arrivait pour l'heure de la sieste afin de coucher sa fille. Au final, cette dernière ne dormait pas mieux quand sa maman venait la coucher. Maria a réalisé au cours du coaching qu'il valait mieux qu'elle se garde ce temps-là pour se détendre, pratiquer une activité pour elle, comme prendre un temps de lecture, déjeuner avec un ami ou se promener autour de chez elle. Elle récupérait alors sa fille le soir plus détendue et profitait mieux de sa soirée.

On est bien avec les autres si l'on est bien soi-même. Reprendre son souffle, s'offrir un peu d'oxygène, aide

3. Étude menée par l'université catholique de Louvain en 2019.

à se sentir mieux. On peut s'accorder une sortie au théâtre à deux, un concert, ou simplement un temps où on ne fait rien. Souvent, les parents les moins fatigués sont ceux qui réussissent d'une façon ou d'une autre à se ménager des moments de pause dès les premiers mois de l'enfant, quand c'est le plus difficile de trouver du relais auprès de son nourrisson.

Dans de nombreux ateliers que j'anime, prendre soin de soi est la clé la plus citée et mise en œuvre. Sans doute parce que cela correspond à un besoin profond lorsque l'on devient parent : on avait du temps pour soi sans même s'en rendre compte, et d'un seul coup, avec l'arrivée du bébé, on n'en a plus du tout. Voici quelques exemples de ce qu'ont mis en place certains participants à la suite de nos ateliers.

> *Un collaborateur s'est remis à faire de la course à pied alors qu'il avait arrêté à la naissance de sa fille. Une collaboratrice qui voulait reprendre depuis longtemps le sport mais n'avait pas réussi à le faire a décidé d'engager un coach sportif, afin d'être sûre de s'y remettre. Elle sentait que d'être attendue par quelqu'un l'aiderait à surmonter la difficulté initiale de trouver la motivation pour s'y remettre. Une autre a pris une baby-sitter le samedi après-midi pour dormir pendant deux heures et ainsi récupérer de la semaine. Elle était de fait plus disponible pour ses enfants après. Une maman qui se refusait auparavant à donner des petits pots à son bébé a décidé de le faire occasionnellement quand elle est très occupée pour se décharger ponctuellement de cette contrainte – qu'elle s'impose habituellement car nourrir au mieux son enfant fait partie de ses besoins, de ses valeurs, et elle n'a donc pas envie de surseoir là-dessus dans la mesure du possible.*

Le couple est une dimension essentielle de l'équilibre familial. Or, à trop vouloir bien faire pour ses enfants, on devient parfois une unité d'élevage : on s'occupe des enfants quand on est ensemble à la maison, on parle « enfants » quand on se retrouve à deux et on n'a plus de discussions ou d'activités communes comme auparavant. Des tensions dans le couple, un dialogue devenu difficile peuvent tout simplement être le résultat d'un défaut du temps consacré au couple. Renouer avec des moments de détente à deux peut ainsi parfois suffire à apaiser les conflits. Retrouver un peu de souffle en couple, sortir un soir, prendre une journée de RTT un vendredi quand les enfants sont à l'école, confier ces derniers à des grands-parents pendant quelques jours, sont autant d'activités qui ont aidé des parents à retrouver le plaisir d'être ensemble. En fonction du mode de garde et de la disponibilité de son entourage, cet objectif est plus ou moins facile à mettre en œuvre. Parfois il faut être créatif pour y parvenir mais je constate que cela apporte toujours de la sérénité à la maison.

Natacha, responsable RH dans une société de technologie, racontait qu'elle n'était pas partie seule avec son mari depuis la naissance de son aîné qui avait 5 ans. Après un burn out qui l'a contrainte à s'arrêter de travailler pendant plus d'un mois, elle a mis en place un certain nombre de changements à son retour, dont celui de partir en week-end de temps en temps avec son mari. Ce passage par la dépression lui a fait prendre conscience de l'importance de ces temps à deux, qu'elle n'avait pas identifiés comme essentiels auparavant.

Pour un parent seul – que ce soit par choix ou suite à une séparation ou au décès de son conjoint(e) –, l'idée est aussi de se ménager du temps pour sa vie affective et sentimentale. Le frein principal est le fait d'être seul responsable du ou des enfants. On craint de s'éloigner d'eux alors que l'on est leur seul point d'attache et la contrainte budgétaire peut être plus rude.

Julie est mère célibataire de deux enfants de deux pères différents. Pendant les vacances, elle avait toujours au moins l'un de ses deux enfants. En tenant compte de son besoin identifié pendant nos séances de prendre des vacances seule, elle a fait en sorte, même si cela a nécessité quelques ajustements sur les semaines de garde avec les deux pères, d'avoir une semaine de vacances pour elle, sans enfant.

Réintroduire du temps pour soi ou en couple dans un emploi du temps déjà bien chargé est une expérience à faire pour évaluer par soi-même les bienfaits que cela apporte. Et trouver la motivation pour continuer malgré la difficulté de faire entrer ce temps dans nos semaines surchargées.

S'appuyer sur son entourage

L'entourage, c'est l'ensemble des personnes que vous connaissez. Côté personnel, les relations amicales et familiales, celles rencontrées dans le milieu étudiant, associatif, sportif, de voisinage. Côté professionnel, ce sont vos collègues actuels et anciens (d'un poste précédent), des clients, des prestataires. Ce sont des personnes avec qui vous pouvez échanger, que vous pouvez solliciter pour une question, un service, ou simplement avec qui vous aimez discuter parce que ça vous fait du bien. Ce sont vos liens réguliers avec l'extérieur.

Lorsque l'on devient parent, ces liens ont tendance à se distendre. À vouloir être productif à tout prix, on est tenté de mettre complètement de côté ce que l'on appelle le réseau (amical, personnel, professionnel, associatif…), et plus largement les activités qui n'entrent pas directement dans la description de poste ou la vision du bon parent. Même les gens les plus sociables, pour qui nouer des liens est un plaisir, peuvent manquer de temps pour entretenir leur réseau une fois les enfants arrivés. Pourtant, l'entourage est un atout. Ce sont des personnes sur qui l'on peut s'appuyer ponctuellement, qui peuvent nous faire prendre du recul, nous motiver, nous donner des idées, nous aider à certains moments.

L'entourage personnel est une aide précieuse : parents, amis ou voisins peuvent garder les enfants, rendre de petits services au quotidien. Continuer à élargir son entourage, à rencontrer du monde, à partager même lorsque l'on a peu de temps est non seulement un plaisir, mais peut aussi être un plus pour les petits problèmes du quotidien. Plusieurs parents racontent comment un voisin leur a donné les coordonnées de leur super babysitter, ou fait découvrir un « bon plan » dans une association locale proposant des ateliers pour les jeunes enfants. Une collaboratrice passe quant à elle de bons moments avec d'autres mamans de sa ville qu'elle a connues via un groupe Facebook : elles se retrouvent tous les samedis matin et font des balades avec leurs bébés en poussette.

Côté professionnel, c'est ce que l'on appelle le networking. Pour de nombreux parents actifs, ce terme est synonyme de distribuer ses cartes de visite, aller à des cocktails le soir, avoir des relations superficielles, liker des posts LinkedIn sans vraiment s'y intéresser. Les collaborateurs parents choisissent clairement le camp de l'efficacité avec un sandwich pour le déjeuner plutôt qu'un restaurant en compagnie de collègues et une vie bien réglée sans pauses-café inutiles, discussions informelles au bureau ou *afterwork* avec des jeunes sans enfant. Ces choix sont motivés par le gain de temps pour travailler concentré et rentrer le plus tôt possible chez soi afin de voir et s'occuper de ses enfants et de la maison. Malgré l'effet repoussoir du mot pour certains, le réseau a de nombreux atouts : il permet de se donner de la visibilité, ce qui souvent manque aux collaborateurs parents. Ceux-ci voient moins leurs collègues, sont souvent plus discrets et moins impliqués dans la vie de l'entreprise. Le risque est qu'on les oublie pour un nouveau projet intéressant ou qu'on valorise moins leur travail, ou même qu'on omette de les mettre dans la boucle du cadeau d'untel ou du pot de départ d'unetelle. On peut faire le choix de passer peu de temps mais de bons moments. Choisir un événement avec les collègues qui vous permet d'en voir plusieurs en une seule fois, regarder un réseau social professionnel une fois de temps en temps et choisir de commenter un post en particulier pour montrer à la personne que vous avez pris connaissance de son post, participer à un déjeuner une fois de temps en temps avec des personnes que vous appréciez dans votre entourage professionnel…

> *Lors d'un atelier de femmes dans une équipe d'audit interne d'une compagnie d'assurances, les participantes challengeaient l'idée de networking. Après nos échanges, elles ont identifié ce que le réseau pourrait leur apporter : être visibles dans leur organisation et être reconnues dans leur rôle d'experte. Pour avancer dans ce nouvel objectif,*

l'une a rejoint un groupe d'experts dans son domaine, une autre a mis en pratique le fait de mieux préparer les événements internes pour voir différentes personnes (mieux se faire connaître auprès des Regional Audit Heads mais aussi de faire connaissance avec les personnes nouvellement recrutées pour les aider à s'intégrer)... Toutes ont vu les avantages à développer des liens et provoquer des échanges et ont pu constater que ce n'était pas nécessaire d'y passer beaucoup de temps à condition de bien cibler ce qui les intéressait par rapport à leurs objectifs individuels.

Dans l'injonction du travailleur productif, le réseau peut servir peut-être à obtenir une promotion, mais souvent, on est persuadé que le travail bien fait devrait suffire. C'est très réducteur de le voir ainsi. Entretenir son réseau et le développer sont une source de satisfaction et un précieux apport professionnel et personnel. Il est d'autant plus important quand on télétravaille et que l'on voit moins de monde spontanément au quotidien. Cela permet de se sentir mieux au travail et peut apporter une reconnaissance que le seul travail bien fait, lorsqu'on n'est pas ou mal managé, ne suffit pas à obtenir. Le négliger complètement n'est donc pas une bonne chose. L'équilibre à trouver est sans doute subtil entre le travail, le temps personnel et les relations à entretenir avec son entourage, mais l'exercice vaut la peine d'être fait. En plus de servir des objectifs que l'on s'est fixés, voir du monde, échanger, discuter permet de passer de bons moments, de faire des rencontres de personnes passionnantes et inspirantes, de trouver de la motivation et des idées nouvelles. Et tout cela contribue à renforcer son estime de soi, qui est la première à souffrir chez les adultes atteints du syndrome du wonderparent.

S'affranchir des stéréotypes

Les stéréotypes sur la parentalité et sur le rôle des femmes et des hommes sont encore très prégnants, notamment le modèle de la mère qui s'occupe de la maison et des enfants et du père qui investit plus son travail que sa vie de famille. Ils peuvent influencer nos choix de manière inconsciente, et même quand on a l'impression de les combattre consciemment. Il suffit de regarder LinkedIn lors de la semaine de la mixité en entreprise pour voir que les changements sociétaux n'ont pas encore eu lieu. Les nombreuses initiatives telles que #breakthebias (briser les préjugés) ou #banthesesentences[4] (interdire ces phrases) montrent à quel point le chemin est encore long pour casser les stéréotypes et arriver à l'égalité des genres. Comment réagir pour sortir de ces stéréotypes et faire en sorte que vos collègues vous voient pour ce que vous êtes – un parent certes, mais avant tout un(e) collègue, membre d'équipe, manager ? Les initiatives sensibilisent, mais au quotidien, comment faire pour s'en affranchir concrètement et avancer vers ses objectifs sans se laisser enfermer dans une case prédéfinie ?

Des stéréotypes bien enracinés

Les attentes ne sont pas les mêmes pour un père que pour une mère. Il est considéré comme normal que la femme sacrifie son travail pour ses enfants. C'est encore mal perçu qu'un homme s'arrête de travailler ou diminue son rythme de travail

4. Initiative d'ACCOR sur tous ses hôtels dans le monde.

pour ses enfants. Les injonctions sociétales sont enracinées dans l'inconscient collectif, ce qui fait naître des biais persistants. Une étude menée par la Columbia Business School montre qu'un trait de caractère peut être identifié par nous comme positif chez un homme alors qu'il sera condamné chez une femme. Le cas étudié par les étudiants est celui de Heidi Roizen, une *venture capitalist* de la Silicon Valley dont le projet entrepreneurial a été couronné de succès. L'université a soumis l'évaluation de son aura managériale à deux groupes d'étudiants : le premier groupe avec le cas réel, et le deuxième en changeant simplement le nom de Heidi en Howard, soit un prénom d'homme. Si les deux groupes ont identifié les qualités du dirigeant (Heidi ou Howard) pour développer l'entreprise de manière aussi brillante, ils n'ont pas eu la même appréciation de sa personne selon que la fonction était assumée par un homme ou par une femme : le dirigeant Howard était ainsi apprécié, et les étudiants disaient qu'ils aimeraient travailler avec lui, alors que le premier groupe avouait ne pas avoir envie de travailler avec une manageuse telle que Heidi : elle leur paraissait égoïste. Conclusion : on ne perçoit pas de la même manière les qualités (ou défauts) si on les identifie chez un homme ou chez une femme[5]...

Ce qui est plus inquiétant (et révélateur de la persistance des stéréotypes de genre), c'est que l'on retrouve les mêmes schémas dans la perception que

5. Article Huffpost, « Sheryl Sandberg Lean In Author : When a Woman is Competent, She doesn't Seem Nice Enough" – 23/04/2013

nous avons de nos enfants. Encore aujourd'hui, il y a les jeux de filles (la dînette rose) et les jeux de garçons (la voiture bleue), mais il y a aussi des vêtements plus confortables pour les garçons et plus « jolis » pour les filles, souvent moins adaptés pour jouer, bouger ou courir. Par exemple, si vous faites une recherche sur les sandales pour enfants, vous trouverez, en produit phare, des sandales filles aux semelles plates et glissantes et des sandales garçons aux semelles antidérapantes et « performantes » (ce terme apparaît dans le descriptif). On associe donc certaines qualités aux garçons comme l'envie de bouger, de courir et de se surpasser plutôt qu'aux filles que l'on voit calmes, peu actives et plus attachées à leur image. Même dans les cours de récréation des écoles primaires, on peut entendre des garçons dire : « Le foot, c'est pas pour les filles », comme le rapporte Nadège Dazy, experte égalité hommes-femmes et intervenante en entreprise et en milieu scolaire.

Les conséquences des stéréotypes

Les stéréotypes peuvent jouer sur vous mais aussi sur les autres et la vision qu'ils ont de vous. L'idée ici est de faire des choix en prenant du recul par rapport aux préjugés, notamment sur le rôle des parents et sur le travailleur surinvesti. L'intérêt réside aussi dans la capacité que l'on a, dans une certaine mesure, de faire en sorte que votre entourage ait la même vision que vous ou du moins qu'il ne vous enferme pas dans un rôle dont vous ne voulez pas. À nous parfois de montrer que l'on n'entre pas dans une case car cela peut nuire à ce que l'on veut faire.

Ces stéréotypes de genre font que l'on n'offre pas les mêmes opportunités aux femmes qu'aux hommes, les enfermant ainsi dans un rôle subi.

> *Un directeur avouait encore récemment qu'un de ses managers masculins lui avait dit : « On ne peut pas l'embaucher, elle a 29 ans et risque de partir en congé maternité très vite. »*

Comment expliquer cette attitude de la part d'un manager alors que plus que jamais on insiste sur l'importance de la mixité et de l'égalité hommes-femmes ? Sans doute l'explication est-elle à trouver du côté du poids du passé, d'une arrivée relativement récente des femmes aux plus hauts postes de l'entreprise, des stéréotypes persistants. Les femmes sont associées à leur rôle de mère – même celles qui réussissent dans le monde de l'entreprise. Aujourd'hui encore, lorsqu'une femme est promue à un poste de direction, il est rapporté qu'elle est mère. Il suffit de regarder n'importe quel article paru dans la presse ou sur l'intranet d'une entreprise, pour voir qu'il mentionne en général dès le début le fait qu'elle est mère, ce qui n'est pas le cas pour les hommes (« XXX, mère de 3 enfants et associée dans le cabinet depuis 2018, a pris le rôle de… »).

La galerie des préjugés

Les stéréotypes s'expriment aussi bien dans la sphère professionnelle que personnelle. Nous verrons au travers de quelques exemples courants – cités par de nombreux collaborateurs et collaboratrices parents – comment prendre du recul et marquer sa distance par rapport à ces préjugés pour se sentir mieux et éviter de se laisser enfermer dans un rôle qui ne vous convient pas.

Les stéréotypes vous reviennent sous forme de petites phrases, parfois agressives, le plus souvent anodines. La réaction que vous pouvez avoir face à aux préjugés peut dépendre du contenu, du ton utilisé, de votre relation avec votre interlocuteur. Le propos de votre entourage professionnel peut être bienveillant, maladroit, déplacé ou humiliant. Votre réponse peut elle aussi varier. Si vous entendez des phrases bienveillantes mais stéréotypées qui vous ramènent à votre rôle de parent au travail, vous pouvez répondre rapidement, par politesse, sans entrer dans les détails, et passer à autre chose. En effet, vous êtes là pour travailler, renouer un contact professionnel avec votre entourage, pas pour discuter de votre vie de famille (ou du moins choisir avec qui vous avez envie d'en parler). Lorsqu'un collègue vous dit : « Alors tu t'organises comment avec ton fils ? » Vous pouvez très bien dire : « Ça se passe vraiment bien avec mon fils, merci. Je me demandais : au fait, que penses-tu de la réorganisation de l'équipe ? »

Dans le cas de petites phrases plus insidieuses, elles peuvent être dérangeantes et ça peut vous chatouiller de répondre de manière plus directe et moins agréable. Par exemple, de nombreuses collaboratrices rapportent avoir entendu : « C'était bien les congés ? » [désignant le congé maternité]. Cette phrase sous-entend à demi-mot que la personne a pu se reposer et doit être en pleine forme. La réaction des collaboratrices est très souvent de ne rien dire tant elles sont décontenancées (et peut-être fatiguées !) ou de réagir par l'agressivité puisqu'elles se sentent agressées. Leur réponse est alors sur le thème de la méconnaissance du sujet par l'interlocuteur en question : « On dirait que tu ne t'es jamais occupé d'un bébé. » Même si cela est sans doute vrai, cette phrase met la collaboratrice dans une position défensive et inconfortable. Or au travail, on est entre collègues, et il s'agit de savoir s'affirmer en accord avec soi-même et sans agressivité apparente. On peut répondre sur un ton plus posé ou humoristique :

> *« C'est un point de vue sur le congé maternité. »*
>
> *« Il faudrait enlever le mot congé et l'appeler "absence maternité", c'est trompeur, semble-t-il, pour certains. »*
>
> *« J'ai bien cherché une maternité aux Seychelles mais je n'ai pas trouvé, du coup, je suis restée à Asnières ! »*

Voici un autre type de phrases qui peut enfermer et limiter le champ d'action : « Tu viens de rentrer de congé maternité, prends ton temps, vas-y tranquillement. » Le préjugé est qu'une femme veut nécessairement reprendre progressivement, peut-être même lever le pied ou ralentir sa carrière. Certes, le propos est bienveillant, mais avez-vous seulement été consultée ? Peut-être qu'en effet vous souhaitez un rythme plus calme, mais peut-être que vous voulez repartir comme avant. Vous avez intérêt à être claire dans ce que vous voulez pour éviter que les autres ne décident pour vous. D'où l'utilité d'être proactive dans vos demandes, quel que soit votre choix. À vous d'aller voir votre manager et de lui dire ce que vous attendez dans le cadre de votre reprise. Il en est de même si vous êtes un homme. On risque de ne pas vous poser la question et de supposer que vous repartirez sur les mêmes horaires et le même rythme qu'avant. À vous de prendre l'initiative de clarifier les choses auprès de votre management rapidement. Personne ne peut savoir pour vous ce que vous voulez faire.

Ces phrases stéréotypées sont aussi destinées aux hommes qui sont pères, même si c'est un peu moins courant. Un collaborateur rapporte qu'on lui a fait cette remarque très désagréable : « Tu lui as expliqué à ta femme que tu avais un vrai boulot ? Elle peut pas aller chercher tes enfants ? » Ce à quoi, il a répondu : « Elle aussi a un vrai boulot. »

Ces stéréotypes transparaissent à tout moment, les exemples viennent plutôt du côté professionnel, mais ils peuvent tout aussi bien provenir de l'entourage. Une collaboratrice rapportait que sa mère lui avait dit : « Pourquoi vouloir travailler ? Occupe-toi de tes enfants plutôt, une femme est là pour ça ! » Avant tout, il faut savoir entendre ces petites phrases et prendre ses distances par rapport aux stéréotypes véhiculés. Une fois que vous en avez conscience, il est plus facile d'y répondre, de trouver comment parler aux personnes autour de vous pour leur rappeler que vous faites vos choix et que chacun a sa vision du monde. C'est pourquoi cet ouvrage invite à se recentrer sur soi, ses besoins et ses choix afin notamment de ne plus se laisser déstabiliser par des remarques et des jugements venant des autres.

Vous pensez que vous ne saurez pas donner la réplique ? Détrompez-vous, si vous sentez que l'ambiance autour de vous peut prêter à ce genre de commentaire, vous êtes maintenant mieux préparé(e) et vous trouverez les mots pour vous exprimer ! Si la remarque ne vous est pas adressée mais que vous êtes présent(e), vous pouvez prendre la parole malgré tout. C'est une façon d'influer sur l'ambiance dans une équipe. Cela peut avoir un impact important et c'est une façon d'agir concrètement.

Devancer les préjugés en annonçant ce que l'on veut

Parfois aussi, il est nécessaire de ne pas prêter le flanc aux stéréotypes, ce qui peut arriver si l'on parle beaucoup de sa vie de famille au travail. Tout dépend de l'ambiance, de la bienveillance réelle de vos collègues. On peut échanger en transparence avec des personnes qui pourront vous apporter soutien et confort. Pour les autres, parlez d'autre chose. Il n'est pas nécessaire de justifier un retard par un rendez-vous chez le pédiatre où vous avez dû attendre une heure, parlez d'une contrainte personnelle et, le cas échéant, voyez comment rattraper ce que vous n'avez pas pu faire. Pour vous affranchir des pressions externes, prenez du recul, recentrez-vous sur vos besoins et restez confiant(e) sur les choix que vous faites. Apprenez à répondre aux personnes autour de vous lorsque leurs propos vous dérangent ou vous mettent mal à l'aise. Il n'y a pas de honte à avoir d'être parent et actif professionnellement : et si c'est le cas, la honte doit changer de camp !

Cette partie a permis de faire le point sur vos objectifs et sur la façon d'y arriver en mettant en place des stratégies qui vous y aideront : s'organiser, communiquer, s'affranchir des stéréotypes, savoir dire oui, apprendre à dire non, s'appuyer sur son entourage. Vous retrouvez une marge de manœuvre pour avancer, déculpabiliser, pour vous sentir mieux dans votre organisation quotidienne, et dans votre travail. Reste maintenant à aborder la question très importante du bien-être à la maison, qui est toujours laissée de côté lorsque l'on parle d'équilibre vie professionnelle/vie personnelle. Or c'est un des axes fondamentaux du bien-être de votre enfant… et du vôtre.

TROISIÈME PARTIE

Trouver de l'apaisement en famille

On a coutume de parler de « conciliation vie professionnelle et vie personnelle », comme si c'étaient deux choses que l'on pouvait séparer, mais on n'a qu'une vie. Si le matin avec mes enfants ne se passe pas bien, si je me fâche et que je m'en veux, mon état psychologique va teinter ma journée de travail (et inversement si le travail me préoccupe, je ne suis pas disponible pour mes enfants et mon conjoint). Il est donc nécessaire de soigner l'atmosphère domestique. Le problème, c'est que lorsque l'on est débordé, dépassé et fatigué, on n'a pas forcément envie d'entendre ce qu'il faudrait faire en plus à la maison – et dont on a parfaitement conscience ! : être plus positif, passer plus de temps « de qualité » avec les enfants, ne pas s'énerver, ne pas crier, etc. On n'a déjà pas le temps de prendre cinq minutes pour soi ! Tout cela peut sembler au-dessus de ses forces.

En même temps, c'est une évidence, je sais bien que si je ne change rien dans mon attitude, rien ne changera non plus à la maison. Ce ne sont pas les enfants qui vont vous dire, « Papa, maman, à partir d'aujourd'hui on va faire ce que vous demandez, je rangerai ma chambre, je ferai mes devoirs avant votre retour du travail, vous n'aurez plus besoin de vous répéter » ! Le changement ne peut venir que de vous.

Afin de vous aider à apporter les changements que vous souhaitez chez vous, je vous propose de commencer par un test. Pendant quinze jours, essayez de mettre en place le protocole que je vous propose dans le premier chapitre de cette partie et voyez par vous-même ce que cela vous apporte. il n'y a rien d'insurmontable : petit pas après petit pas, vous allez gravir la montagne ! Ce test vous aidera à vous motiver pour aller plus loin et pour vous donner confiance dans votre capacité à changer les choses à la maison même si vous êtes peu présent du fait de votre travail.

Je vous propose dans un premier temps de détendre l'atmosphère à la maison pour, d'abord, faire retomber la pression. C'est la clé que je partage le plus et toujours en premier avec les parents que j'accompagne. Cette technique s'appelle le compliment descriptif : c'est simple à mettre en place, et vous devriez en mesurer l'impact très rapidement dans vos relations à la maison. C'est la technique que je vous propose de mettre en place dans le test. Puis je vous initierai à d'autres techniques pour continuer à améliorer la relation avec les enfants, à les rendre plus coopératifs et autonomes, à résoudre les difficultés auxquelles vous faites face. En devenant petit à petit acteur de votre vie de famille – plutôt que de la subir –, vous vous sentirez mieux, et vos enfants aussi. Cela aide à être plus serein dans sa parentalité et par conséquent au travail.

L'ensemble des techniques proposées sont concrètes. Elles permettent d'agir et d'apporter les changements que vous souhaitez. En tant que parent, je peux changer mon attitude pour améliorer le comportement de mon enfant. En faisant l'expérience de ces changements avec une technique, vous trouverez plus de ressources en vous pour continuer. Bien sûr que ce n'est pas banal, sinon, vous le feriez déjà et cette section ne serait pas nécessaire. Mais c'est à la portée de tout parent qui, comme vous, travaille et souffre des cadences infernales imposées par la vie moderne. Les bénéfices de ces techniques sont multiples. Vous retrouvez de la légitimité car vous êtes écouté et vous culpabiliserez moins car vous vous rendrez mieux compte de tout ce que vous apportez à vos enfants.

Apaiser l'atmosphère à la maison en quelques mots

Comme tout wonderparent, on voudrait toujours plus et mieux pour son enfant. Mais on manque de patience et on n'a que peu de temps à consacrer à la prunelle de ses yeux. Si ce dernier n'a pas un comportement à la hauteur de ses attentes, le parent devient rapidement critique et négatif. Il applique la même exigence à ses enfants qu'à lui-même : « Dépêche-toi ou on va être en retard », « Comment ça, tu n'es pas encore prêt ? Ça fait dix minutes que je t'ai dit de te préparer », « Combien de fois faut-il te répéter de prendre ton sac de sport ? », « Tu vois bien que je rentre du travail et que je suis épuisé, laisse-moi tranquille », « Tu me fatigues »... Tout cela ne crée pas une atmosphère sereine à la maison.

Ce qui vous est proposé ici rentre dans la logique du livre : aller à l'essentiel. Votre enfant, comme tous les enfants, a besoin d'attention, et cette technique lui en apportera, de manière positive et bienveillante. Quel que soit son âge, vous pouvez l'utiliser. Elle est source d'épanouissement pour le parent comme pour l'enfant et constitue un levier puissant pour améliorer rapidement l'atmosphère familiale. Pendant les deux prochaines semaines, utilisez la technique décrite ici pour voir par vous-même ce que cela vous apporte.

Donner de l'attention à son enfant

J'ai une bonne nouvelle pour vous : un enfant veut toujours bien faire et faire plaisir à ses parents ; c'est inné et universel. La technique du compliment descriptif va permettre de faire ressurgir ce ressort abîmé par les critiques. Car, sachez-le, un enfant reçoit en moyenne neuf critiques pour un compliment, même dans une famille très aimante. Les parents voient ce qui reste à faire plutôt que ce qui est fait. Ils souhaitent que leur enfant en fasse plus, et mieux, et ils deviennent critiques, se fâchent et grondent. Toutefois, cette attitude est contre-productive, elle n'aide pas l'enfant à changer. Pourquoi ? Ces petites phrases semblent anodines mais en fait elles sont démotivantes pour l'enfant. Ce dernier se sent critiqué et se demande à quoi bon faire des efforts puisque ses parents ne semblent jamais contents de lui. Cependant, il a quand même besoin de l'attention de ses parents. Comme l'attention positive est trop difficile à obtenir, il se met à rechercher l'attention négative qu'il obtient très facilement. Et le cercle infernal s'enclenche.

Arrêter les compliments creux

La plupart des parents comprennent bien ce mécanisme et cherchent à compenser à d'autres moments en se montrant très positifs. Mais ce n'est souvent pas efficace.

Vous venez tout juste de rentrer à la maison et votre enfant vous montre un dessin qu'il a fait. Vous lui dites, après avoir jeté un rapide coup d'œil sur la feuille qu'il tend : « Quel beau dessin, bravo, tu es un vrai petit artiste ! » Le parent cherche bien entendu à motiver l'enfant, il souhaite l'encourager à continuer cette activité. Mais l'enfant se rend bien compte que le reste du monde ne lui dit pas la même chose et ne le compare pas à un petit artiste. Il en déduit alors – et à juste titre, avouez-le – que son parent lui dit cela non pas parce qu'il le pense mais pour lui faire plaisir : dès lors, ce compliment n'est pas valorisant pour l'enfant.

Ce type de compliment dit « évaluatif » n'est pas crédible : il sonne faux, et votre enfant le sent. Non seulement il n'aide pas à renforcer sa confiance en lui, ce qui est pourtant votre objectif en tant que parent, mais aussi il est vague et ne donne pas d'indication sur ce qu'il faudrait faire pour le mériter encore, ce qui ne motive pas l'enfant à faire en sorte de l'obtenir à nouveau. Ou à l'inverse, cela conduit celui-ci à en faire plus que nécessaire, à se mettre la pression outre mesure en vue de le mériter encore. Enfin, une dernière difficulté de ce compliment est que plus l'enfant grandit, moins il est possible d'en faire. Avec les tout-petits, on est souvent sincèrement enthousiasmé par leurs progrès lorsqu'ils disent leurs premiers mots ou font leurs premiers pas. Mais par la suite, les apprentissages sont plus progressifs et plus lents, parfois avec des retours en arrière ou des régressions. Il est plus difficile de trouver des superlatifs pour les féliciter. On ne dit pas à un CM1 : « Bravo tu as su faire la division, tu es un génie en math ! » ou à un adolescent : « C'est super, tu t'es préparé pour aller au collège comme un grand ! »

S'essayer au compliment descriptif

Pour être positif avec l'enfant et l'encourager à être de plus en plus conforme à nos attentes – et ainsi détendre l'atmosphère à la maison –, je propose d'utiliser le compliment descriptif de l'approche Calmer Parenting. Il s'agit de se concentrer sur ce qui va bien et de le dire à l'enfant. Quand on travaille, on a peu de temps avec ses enfants : je vous garantis que vous utiliserez mieux ce temps avec cette technique. C'est plus satisfaisant pour le parent comme pour l'enfant. Ce dernier est content d'entendre des choses positives et il est plus attentif à ce que dit son parent. En retour, le parent voit des améliorations dans l'attitude de son enfant et est rassuré par ses propres capacités parentales. Tous deux gagnent une relation plus sereine et épanouissante.

Le compliment descriptif consiste à remarquer les petits pas de l'enfant dans la bonne direction, et à le lui dire de manière factuelle et précise. En reprenant l'exemple précédent du dessin, vous pouvez dire :

> *« Tu as dessiné à l'intérieur des traits, il n'y a rien qui dépasse, tu t'es bien appliqué. »*

Ou encore, pour un enfant plus grand :

> *« Ton dessin contient du jaune, du orange et du rouge, ce sont des couleurs lumineuses, j'aime beaucoup ton dessin. »*

Dans ces exemples, le compliment est factuel, c'est-à-dire que je décris ce que je vois. Je peux me montrer enthousiaste mais je n'ai pas besoin d'exagérer et d'être dans l'outrance pour montrer que je suis content(e).

Utiliser la technique du compliment descriptif au quotidien

Le compliment descriptif consiste à regarder son enfant et à chercher ce qu'on peut lui dire qui va dans la bonne direction.

Formuler un compliment descriptif

On remarque des progrès même minimes et on le dit de manière factuelle à l'enfant. Le compliment descriptif peut aussi servir pour contrer les critiques qui vous démangent. Plutôt que de se concentrer sur ce qui ne va pas, trouvez ce qui va, même si c'est encore très limité. Ainsi, vous montrez à votre enfant que vous constatez ses efforts, même s'ils sont encore infimes, et cela l'encourage à aller plus loin.

Si l'enfant à une écriture peu soignée, on est tenté de le critiquer et de dire :

> *« Tu écris comme un cochon, applique-toi. »*

À la place, utilisez le compliment descriptif et dites :

> *« Ton L est bien formé, il va jusqu'au troisième interligne et ne dépasse pas de la ligne du bas, tu t'es appliqué. »*

Ou encore :

> *« Sur les cinq phrases que tu as écrites, quatre commencent par une majuscule. »*

S'il range ses affaires, le parent s'en rend compte mais en général ne dit rien, car il n'a pas les mots pour le dire. Il ne peut pas utiliser le compliment évaluatif et dire : « Bravo c'est super, tu as mis tes vêtements dans le panier à linge » alors qu'il a dû lui répéter des dizaines de fois de le faire ! Il n'a en général pas envie de le dire tellement le sujet l'agace, et quand bien même il le ferait, il ne serait pas crédible car l'enfant sait que ce n'est pas un exploit : le parent lui a tant répété. Il pourrait même avoir l'impression qu'on se moque de lui. En revanche, le parent peut utiliser le compliment descriptif :

> *« J'ai vu que tu avais mis ton linge dans le panier à linge et que tu n'avais rien laissé traîner par terre dans ta chambre, ça c'est être ordonné ! »*

Ou encore :

> *« Je remarque que tu as mis par toi-même les vêtements dans le panier, je n'ai pas eu à le répéter, merci. »*

Le wonderparent et la tentation du wonderenfant

Être précis donne des indications sur ce qui a été fait et a mérité le compliment et montre que l'on est attentif au comportement et aux progrès de l'enfant. Être factuel plutôt que dire « bravo », « génial », « super », « t'es au top », c'est reconnaître que les progrès se font par petits pas, que l'on ne cherche pas toujours à être parfait. C'est une manière de ne pas entrer à notre tour dans le jeu de la pression, cette fois dirigée vers nos enfants. Dans l'injonction du wonderparent, il y a aussi la recherche d'un wonderenfant, résultat de l'éducation parfaite reçue : on réussit son enfant autant que sa parentalité dans ce triste jeu de perfection. Il est fondamental de protéger nos enfants de cette course à l'échalote vers la superperformance en restant posé et factuel. On reconnaît ainsi qu'ils progressent à leur rythme, selon leurs compétences et leurs capacités, en les soutenant plutôt qu'en alternant les superlatifs et les critiques contre-productives : quel message je passe à mon enfant lorsque je lui dis : « Bravo, tu cours super vite », puis juste après : « Tu as bousculé ton frère, tu es méchant » ?

En plus de la description factuelle, vous pouvez ajouter une qualité au compliment. Celle-ci doit refléter vos valeurs, mettre en évidence ce qui vous plaît dans le comportement de l'enfant : persévérance, politesse, générosité, coopération, autonomie, honnêteté, courage, maîtrise de soi, attention aux autres, etc. Elle permet de renforcer et de valoriser le comportement remarqué.

On a tendance à dire facilement : « Tu es insupportable », ou encore : « Tu es méchant avec ton petit frère. » Ici, c'est l'inverse, on souligne les qualités dont l'enfant fait preuve. C'est beaucoup plus motivant pour un enfant de se définir autour de qualités plutôt que de défauts. Voici quelques exemples :

« Tu as mis tes chaussures tout seul, tu deviens de plus en plus autonome. »

« Tu trouvais l'exercice de math difficile, pourtant tu as continué à chercher la bonne réponse. Tu as fait preuve de persévérance. »

Prendre le pli des compliments descriptifs

Entraînez-vous à faire dix compliments par jour à chacun de vos enfants. Vous pourrez ainsi observer les bénéfices immédiats de cette pratique. L'expérience montre que c'est autour de dix compliments quotidiens que cette technique a un impact significatif sur le comportement de l'enfant et sur la relation avec le parent. Vous pouvez avoir l'impression que c'est un objectif énorme. Mais réfléchissez : trouvez-vous dix reproches ou critiques à faire à votre enfant ? En général, oui ! Souvent le déclic vient de là : quand vous réalisez que vous parvenez facilement à adresser dix critiques dans une journée à votre enfant, cela vous motive à inverser la tendance : la pratique régulière du compliment descriptif va dans la bonne direction, c'est comme une gymnastique ! En vous entraînant à formuler des compliments précis à votre enfant, cela va devenir une habitude et rétablir une balance positive dans les jugements que vous portez sur vos enfants au quotidien. Pratiquée régulièrement – comme une langue étrangère qui devient familière au fur et à mesure –, on finit par le faire naturellement. Et voir les étincelles dans les yeux de vos enfants lorsque vous leur faites un compliment descriptif précis et sincère est la plus belle des motivations !

Cette technique répond à ces deux besoins : être précis, factuel et adapté à l'âge de vos enfants afin qu'ils se sentent vraiment concernés. Voici quelques pistes pour faire les dix compliments par jour et par enfant.

Sur le chemin de retour du travail, vous pouvez penser à ce que votre enfant a fait le matin (ou la veille si vous ne l'avez pas vu le matin), et lorsque vous le retrouvez, vous pouvez lui dire :

> *« Ce matin, j'ai remarqué que tu t'étais préparé plus vite que d'habitude et on n'a pas eu besoin de courir pour arriver avant la sonnerie de l'école, c'est vraiment plus agréable. »*

Ou encore :

> *« Hier soir, tu as appelé maman mais tu es resté au lit, tu ne t'es pas relevé comme on te l'avait demandé, c'est un vrai progrès ».*

Aussi, renseignez-vous auprès des personnes en charge de votre enfant, conjoint, garde d'enfant, auxiliaire de puériculture, enseignant, baby-sitter... Vous pouvez alors dire à votre enfant :

> *« Papa/Maman/la babysitter m'a dit que tu étais arrivé en avance à l'école aujourd'hui, je suis content(e) de savoir que tu t'étais préparé plus rapidement ce matin. »*

Cela montre l'intérêt que vous portez à votre enfant même en dehors des moments où vous êtes avec lui. Si vraiment vous voyez peu votre enfant certains jours, ou si vous avez du mal à faire des compliments descriptifs quand vous êtes avec lui, écrivez-les et donnez-lui le papier.

> *Un parent déposait ainsi chaque soir un petit mot avec des compliments sous l'oreiller de son adolescent. Ce dernier n'en a jamais accusé réception, mais un jour, le parent les a retrouvés, bien précieusement conservés par son fils dans le tiroir de sa table de nuit !*

Avec un enfant plus grand qui a un téléphone, vous pouvez aussi faire des compliments descriptifs par texto :

> *« J'ai vu que tu avais pensé à sortir les poubelles ce matin, merci ! »*

Ou encore :

> *« J'apprécie que tu m'aies prévenu(e) que tu serais en retard pour rentrer à la maison et que tu m'aies dit où et avec qui tu étais. »*

Quelle que soit votre disponibilité, faire des compliments est plus une question d'implication que de temps, une habitude à prendre, de voir les choses positivement et se donner la peine de le formuler clairement.

Cette technique permet au parent d'agir positivement sur l'attitude générale de l'enfant, mais aussi sur des comportements en particulier. Par exemple, si vous voulez des matins plus calmes avant de partir au travail, vous pouvez remarquer tout ce qui y contribue dans le comportement de votre enfant. Puisque l'on est factuel, on peut souligner les petits pas dans la bonne direction, même si ce n'est pas encore à la hauteur de nos attentes. Avant que l'enfant ne commence à s'habiller, quand c'est encore calme, vous pouvez dire par exemple :

> *« Tu es déjà debout alors que ça fait à peine 5 minutes que je t'ai réveillé. Tu as été rapide ! »*

Ou encore :

> *« Tu as pensé à remettre doudou dans le lit, tu ne l'as pas laissé traîner par terre. »*

Au moment de s'habiller :

> *« Tu as dit que tu n'aimais pas le pantalon que j'ai choisi mais tu as quand même déjà commencé à l'enfiler, tu es coopératif. »*

Ou encore :

> *« Tu n'as pas crié quand je t'ai enfilé ton tee-shirt, c'était plus agréable comme ça. »*

Après, une fois que l'enfant s'est habillé :

> *« Tu n'as pas enlevé ton pantalon une fois que je te l'avais mis, du coup on a mis moins de temps pour t'habiller, la matinée est plus détendue, j'apprécie ».*

Ainsi, lorsque les parents identifient des difficultés, ils peuvent s'aider du compliment descriptif pour changer des situations en famille. En lien avec les objectifs que l'on se fixe (avoir des matins plus apaisés, des soirées plus calmes...), on peut être actif et contribuer à transformer des situations.

Les compliments descriptifs sont personnels. En effet, ils reflètent les attentes et les valeurs des parents. Pour certains, la coopération sera importante, pour d'autres, ce sera la curiosité, la prise d'initiative, la gentillesse envers les autres, etc. Vous vous retrouverez donc plus ou moins dans les compliments suggérés ci-dessous. Prenez-les comme source d'inspiration, adaptez-les à vos attentes et à vos valeurs.

Pour un jeune enfant (2 à 4 ans)

« Tu as réussi à mettre tes chaussures et à fermer les scratchs tout seul, sans que je t'aide, tu as été autonome. »

« Tu n'as pas crié quand je t'ai dit de reposer le paquet de bonbons que tu avais pris au magasin, tu as été courageux. »

« J'ai vu que tu étais déçu que ta tour se casse mais tu n'as pas jeté de pièces de Lego dans le salon, tu as su te maîtriser. »

« Tu as goûté un peu de purée de carotte avant de prendre les pâtes, tu as essayé d'en manger comme je t'avais demandé de le faire. »

« J'ai remarqué que tu n'as pas laissé le biberon par terre, tu l'as bien reposé sur la table après l'avoir bu dans le salon. »

Pour un enfant entre 5 et 10 ans

« Tu as mis ton blouson sans même que je le demande, tu as fait preuve d'autonomie. »

« Tu es venu à table dès que j'ai dit que le repas était prêt. C'est respectueux pour moi qui ai préparé le dîner. »

« J'ai vu que tu as commencé un jeu avec ton frère quand il a dit qu'il s'ennuyait, c'est généreux de ta part. »

« La nounou m'a dit que tu t'étais mis à faire tes devoirs sans qu'elle ait besoin d'insister, tu as bien suivi notre demande de te mettre au travail au retour de l'école. C'est sérieux de ta part. »

Pour un enfant à partir de 11 ans

« Tu es parti pour le collège à 7 h 45, ça c'est être ponctuel. »

« Tu m'as dit bonjour et on a échangé quelques mots quand je suis rentré(e) du travail, alors que tu étais plongé dans ton téléphone. J'ai apprécié que tu le fasses alors que je sais que le téléphone peut être très prenant. »

« J'ai vu que tu as posé ton téléphone et que tu ne l'as pas regardé de la soirée, tu as respecté la règle du "pas d'écran le soir après le dîner". »

« J'ai remarqué que tu te mettais aux devoirs depuis quelques jours sans même que je te le rappelle. Tu es de plus en plus autonome. »

Maintenant, à vous de jouer : rédigez dix compliments descriptifs que vous pourrez dire à vos enfants (soit à tous en même temps, soit individuellement). Pensez à être précis et factuel et, si vous le pouvez, ajoutez une qualité.

Utilisez cette technique tous les jours en variant les compliments. Après quinze jours, faites un point sur ce qui a changé à la maison, que ce soit au niveau de l'ambiance générale, du comportement des enfants ou de votre bien-être. Les parents que j'accompagne témoignent unanimement du fait que le quotidien avec les enfants est plus facile et qu'ils se sentent mieux, moins fatigués et moins stressés.

Mieux profiter du temps avec ses enfants

Vous avez fait le test avec le compliment descriptif ? Êtes-vous convaincu(e) que certaines techniques peuvent vous apporter de nouvelles façons de faire avec vos enfants ? Maintenant que vous avez essayé le compliment descriptif, je vous propose de continuer avec d'autres techniques pour apaiser votre vie de famille et mieux profiter du temps ou du peu de temps que vous avez avec vos enfants : le *temps de qualité, l'écoute empathique* et *la concertation entre parents*.

Le temps de qualité dédié

Souvent, les parents sont avec leurs enfants mais ils font autre chose en parallèle : ils cuisinent, regardent leur messagerie et les réseaux sociaux ou répondent à un email. C'est tout à fait compréhensible : dans l'injonction du wonderparent, il faut bien sûr être présent pour ses enfants, mais aussi s'investir à fond dans son travail, répondre aux diverses sollicitations, cuisiner de bons petits plats, avoir une maison bien rangée, etc. Cependant, ce temps passé ensemble mais sans attention particulière ne répond pas au besoin de l'enfant.

De nombreux parents racontent qu'effectivement, lorsqu'ils sont avec les enfants, ils les écoutent d'une oreille distraite. L'enfant parle et le parent répond par hochements de tête et des « oui oui », mais sans vraiment écouter, ses pensées sont ailleurs (dans ce qu'il est en train de faire ou ce qu'il doit encore faire). Or les enfants ont besoin de moments où ils se sentent écoutés, regardés et pas à moitié. C'est l'objet du temps de qualité : un moment dédié, quotidien, pendant lequel le parent est pleinement investi dans une activité avec son enfant.

En pratique

Voici quelques recommandations pour vous aider à mettre en pratique concrètement des moments de temps de qualité. La durée doit en être limitée, cela permet aux parents qui travaillent de le faire entrer dans leur agenda et de rester concentré sur l'échange avec l'enfant. La durée que je préconise est de 15 minutes. Il est plus facile de s'investir dans un temps que l'on sait limité. En effet, si la durée n'est pas bornée, le risque est de ne pas le faire du tout ou de s'occuper, en parallèle, à d'autres tâches pour avancer dans sa *to do*.

Ensuite, il est important de le faire avec chaque enfant séparément, car ces derniers n'ont pas la même attitude quand ils sont seuls avec un parent que lorsqu'ils se trouvent avec leurs frères et sœurs. Il y a toujours une forme de rivalité ou de compétition entre eux, ils cherchent l'attention du parent et sont parfois excités, alors que justement, ce que l'on veut c'est un temps apaisé. Le mieux est de s'installer dans une pièce où les autres enfants ne sont pas présents ou, à défaut, dans un endroit un peu à l'écart du reste de la fratrie. Quand on a un enfant très jeune qui doit être surveillé, le temps de qualité avec le ou les aînés peut être organisé après le coucher du petit dernier, pendant sa sieste ou lorsque quelqu'un d'autre peut le surveiller.

Les 15 minutes de temps de qualité sont, de préférence, quotidiennes, la régularité est importante, c'est comme boire et manger, l'attention fait partie de besoins fondamentaux. L'idéal est de trouver un créneau régulier, ainsi les enfants peuvent se projeter, savoir que le prochain moment dédié avec papa ou maman arrive dès le lendemain. Cela devient comme un rituel entre vous, un rendez-vous quotidien que l'on peut attendre avec plaisir. Comme on peut le lire dans *Le Petit Prince* de Saint-Exupéry (1948) : « Mais si tu viens n'importe quand, je ne saurai jamais à quelle heure m'habiller le cœur… » Si vous ne pouvez pas respecter un horaire régulier, essayez d'un jour sur l'autre de prévenir votre enfant du créneau que vous lui réservez le lendemain.

Lorsque l'on a plusieurs enfants, on peut passer du temps avec l'un le matin, avec les autres le soir au retour du travail ou après le dîner. On peut aussi coucher les enfants par intervalles de 15 minutes (du plus petit au plus grand), cela permet d'être seul avec chacun d'eux. Les plus grands ont conscience d'avoir le privilège de rester plus tard avant de se coucher et jouent tranquillement en attendant leur tour.

Romain, père de jumeaux de 5 ans et dirigeant d'entreprise, a choisi de finir 30 minutes plus tôt son travail le soir afin de passer 15 minutes avec chacun de ses enfants en début de soirée. Il a constaté que les soirées étaient ensuite beaucoup plus apaisées et que les enfants ont ainsi plus de facilité à se coucher. Il n'est plus question pour lui de revenir en arrière ! Le bien-être apporté est considérable et l'ambiance infiniment plus apaisée à la maison. Il s'arrange donc désormais pour ne pas prendre de réunion passé 18 heures et rentrer suffisamment tôt pour voir les enfants.

Temps d'écran et temps de qualité

On peut faire toutes les activités que l'on veut pendant ces 15 minutes, sauf utiliser un écran, même pour faire un jeu. L'expérience montre que lorsqu'on utilise un écran, parents et enfants ne se regardent pas. Or l'idée est d'échanger, communiquer, discuter, rire l'un de l'autre (pas de ce qui se passe sur la vidéo), jouer. Parfois, se pose la question pour les adolescents. Peut-il encore faire un jeu de société ou avoir une discussion sans qu'il soit plongé dans son téléphone ? Sans doute vous dira-t-il qu'il n'a pas envie de passer un moment avec vous, et retournera bien vite dans sa chambre pour s'affaler dans son lit avec son portable. Je vous conseille de créer des moments sans écran à la maison, car c'est seulement dans ces moments-là que votre adolescent sera prêt à envisager des temps de jeu ou de discussion. Si les temps d'écran sont bien définis et que l'adolescent ne peut pas en utiliser à certains moments de la journée, cela peut paraître contre-intuitif quand on n'en a pas fait l'expérience, mais il est content de faire des jeux de plateau ou de cartes. Les écrans font parfois perdre de vue les autres centres d'intérêt des enfants.

En préparation à la mise en œuvre du temps de qualité, prenez le temps de réfléchir aux activités que vous pouvez faire avec chacun de vos enfants et notez-les. Indiquez aussi à quel moment de la journée vous pouvez placer le temps de qualité, soit tous les jours au même moment, soit à différents moments en fonction de vos contraintes. Par exemple, vous pouvez noter que le temps de qualité avec Baptiste sera le soir juste après le dîner, et que vous ferez comme activité des chatouilles (les enfants adorent), une partie de Monopoly Deal ou un jeu avec les cartes Pokémon. À vous de voir ce que votre enfant aime et que vous aurez plaisir à faire pendant 15 minutes. Si votre enfant adore un jeu que vous n'appréciez pas, vous pouvez le faire de temps en temps et alterner avec d'autres activités que vous appréciez plus. Ça reste ainsi un plaisir pour vous aussi.

Lucile me rapporte que son fils de 10 ans adore jouer au Monopoly, mais les parties durent bien trop longtemps pour en faire une activité quotidienne. Elle y joue le week-end mais pas en semaine. Elle a l'idée pour les 15 minutes de temps de qualité non pas de faire une partie mais de discuter du jeu avec son fils. Il est ravi de parler de parties précédentes, de sa stratégie pour gagner, et elle est contente de l'entendre parler et d'en discuter avec lui. Ainsi, tous les deux passent un bon moment.

Les écueils à éviter

Quelles difficultés peuvent se présenter ? Ce ne sont que de bons moments à passer avec son enfant. Il arrive, du moins au début, que l'enfant soit si content qu'il ne veuille plus arrêter. Sans doute en avait-il grandement besoin ! Essayez d'être régulier et de faire les 15 minutes quotidiennement. Vous pouvez aussi mettre un *timer* pour signifier à l'enfant que le temps est terminé. Une fois qu'il a compris (parce qu'il en a fait l'expérience) que dès le lendemain, il a à nouveau un temps avec vous, cela lui est beaucoup plus facile d'arrêter l'activité.

Un écueil de taille peut être de négliger le temps de qualité avec les plus grands. On l'organise volontiers avec les plus petits, mais plus difficilement avec les ados. Or, à tout âge, les enfants ont besoin de l'attention parentale et apprécient ce moment. Prenez l'habitude, par exemple, de passer les voir quand ils se couchent ou quand vous-même vous couchez pour échanger tranquillement avec eux un moment. Vous serez sans doute surpris(e) de leur envie de discuter, une fois l'habitude prise, et de leur faculté de s'ouvrir et de se dévoiler davantage au fil des jours.

Enfin, les plus grands risques viennent de vous-même : que ce soit en rompant avec cette nouvelle habitude, repris(e) que vous pouvez l'être par la course infernale du quotidien, ou bien en n'étant pas tout à fait présent(e) à votre enfant dans ce quart d'heure de partage mutuel : regarder le message lorsque le téléphone vibre, se lever pour remuer la soupe, jeter un coup d'œil sur les devoirs du grand pendant que le plus jeune distribue les cartes de Uno... Prenez du plaisir en ce moment avec votre enfant, et dites-vous que c'est plus important que la soupe ou – pour l'instant – les devoirs du grand. On ne peut pas tout faire au risque de ne rien faire bien de toute façon.

Le temps de qualité devient au bout d'un moment une habitude, un rituel qui fait plaisir à tous. Les bénéfices en sont multiples. Les enfants savent que leurs parents les aiment mais ils réalisent aussi que leurs parents apprécient de passer du temps avec eux. Ils sont rassurés et recherchent moins l'attention négative. Ils sont aussi plus à l'écoute de leur parent et moins impliqués dans les disputes avec leurs frères et sœurs. Ils deviennent plus calmes et coopératifs.

Pour le parent, c'est un bon moment avec son enfant et souvent un temps où vous mesurez combien votre enfant est une petite personne singulière qui grandit et vous surprend. Cela aide à sortir de votre culpabilité de ne pas voir suffisamment vos enfants. Même si le temps est limité, ce sont des moments précieux pour tous.

L'écoute empathique : désamorcer les situations explosives

Le stress du travail et la fatigue du quotidien peuvent rejaillir sur la vie de famille, on le sait et on le constate chaque jour. Vous rentrez du travail et votre enfant se met à chouiner ou à pousser son petit frère. C'est la goutte d'eau qui fait déborder le vase d'une journée déjà trop remplie : on s'énerve et on crie. Après le travail, on aspire au calme et à la détente, on se dit que l'on va être patient, mais cet idéal vole en éclats à peine arrivé chez soi. Parce que l'on est déjà à la limite de nos possibilités. La soirée qui est peut-être le seul moment avec les enfants a mal démarré. Alors que l'on aime ses enfants, que l'on essaie de tout mettre en place pour une vie de famille sereine, comment en arrive-t-on à ces situations explosives ? Comment peut-on les éviter ou réduire leur intensité ? Nous vous proposons ici de mieux décrypter les situations de crise et de découvrir ou approfondir la technique de l'écoute empathique qui est une clé incontournable pour les prévenir et les désamorcer.

L'incapacité de l'enfant à gérer ses émotions

Les émotions de nos enfants nous affectent plus que tout. Elles créent par ricochet des émotions fortes et parfois même nouvelles chez nous. Vous êtes-vous déjà emporté(e) pour un morceau de pain que votre enfant a jeté délibérément pendant le repas en disant « j'en veux pas » ? Ce n'est qu'un morceau de pain mais sans doute avez-vous senti une colère sourde monter en vous... Nos réactions sont souvent disproportionnées par rapport à la situation. Votre enfant est contrarié et il le manifeste en faisant une bêtise. Vous êtes à votre tour contrarié(e) qu'il réagisse ainsi et vous vous énervez. C'est ce que j'appelle la montagne des émotions. Votre réaction amplifie le comportement négatif de l'enfant, vous vous fâchez encore plus et c'est la crise.

Pour mieux décrypter ce type de situation, il faut à la fois mieux se comprendre et mieux connaître les enfants. Lorsque vous finissez votre journée, vous rentrez chez vous avec toutes les tensions et les frustrations accumulées pendant votre journée de travail. Le syndrome du wonderparent qui cherche à tout bien faire de part et d'autre conduit nécessairement à des déceptions, des frustrations, des colères (pas toujours exprimées). En face, on a un enfant non encore équipé pour maîtriser ses émotions.

Un bébé naît avec son cerveau développé, mais seulement partiellement. En effet, s'il peut ressentir les émotions, il ne sait absolument pas les traiter : la partie de son cerveau qui permet de filtrer et d'accommoder ses réactions socialement n'est que partiellement présente. C'est le lobe frontal, qui, on le sait aujourd'hui grâce aux neurosciences, se développe pendant toute l'enfance et jusqu'à… 25 ans environ[1]. Un tout-petit de 2 ou 3 ans est complètement dépassé, d'où des réactions souvent qualifiées de caprices. De même, il est totalement improbable qu'un enfant de 5 ou même de 10 ans, vous dise : « Je suis très énervé mais je vais monter dans ma chambre et je reviendrai quand je serai calmé. » Il risque plutôt de jeter la télécommande par terre ou de claquer la porte ! Il n'a pas encore appris à faire autrement et n'a pas les moyens de réagir raisonnablement.

Lorsque le parent s'énerve parce que lui-même est à bout, l'enfant est encore plus contrarié et désorienté par la réaction de son parent. Ce dernier espère au moins que le fait de gronder et d'élever la voix permettra à l'enfant d'apprendre que ce n'est pas bien de faire ce qu'il a fait. Mais il n'en est rien : l'enfant, pris par ses émotions, est incapable de retenir la « leçon » dans ce contexte émotionnel très dense. En revanche, il retient une chose : il lui suffit de claquer une porte ou de jeter un objet au sol pour accaparer toute l'attention de son parent… Cette clé,

1. C'est ce que nous révèle l'imagerie cérébrale, comme le rappelle le Dr Catherine Gueguen dans son ouvrage *Pour une enfance heureuse. Repenser l'éducation à la lumière des dernières découvertes sur le cerveau*, Paris, Pocket, 2015.

il n'est pas près de l'oublier, et risque même de s'en servir au moindre désagrément. Vous comprenez parfaitement bien, que, dans ces conditions, ce n'est pas l'enfant qui peut initier un changement car, par définition, il est immature émotionnellement. C'est à nous, adultes, de le faire.

Aider l'enfant à canaliser ses émotions : l'écoute empathique

La première étape pour désamorcer les tensions est d'être à l'écoute de soi, afin, dans un premier temps, de faire redescendre la tension en soi – ce que nous avons bien vu dans la deuxième partie de cet ouvrage. Mieux se comprendre est indispensable pour sentir ses propres émotions. On saura à la fois mieux les identifier, les gérer, éviter les émotions désagréables et être plus disponible à soi-même et aux autres. C'est le premier pas à faire. On ne peut être à l'écoute de ses enfants si on ne l'est déjà pas de soi-même. Une fois cette disponibilité rétablie, je vous propose de découvrir une autre technique de l'approche Calmer Parenting : l'écoute empathique. Celle-ci permet d'aider l'enfant à canaliser ses émotions dans les moments de tension.

À quel moment et comment utiliser cette technique avec son enfant ? Lorsque ce dernier est pris par des émotions fortes et négatives. C'est-à-dire à chaque fois qu'il est pénible et que vous sentez la colère monter en vous à son contact : il tient des propos désagréables, abîme quelque chose, cherche à faire du mal ou encore semble violent, il crie, pleure, chouine, tape, etc. Parfois, il sort des phrases négatives telles que « Tu es la plus méchante maman du monde / le plus méchant papa du monde ! », « Tu n'es jamais là pour moi », « Je suis nul ». Cette attitude, qui est excessive par rapport aux situations rencontrées, révèle une émotion forte qui échoue à s'exprimer et laisse donc place à une immense frustration. C'est à ce moment-là que vous avez un rôle à jouer.

Votre objectif est d'aiguiller votre enfant pour trouver en lui des ressources pour se calmer. Une fois que vous avez mis vos propres sentiments de côté, du moins provisoirement (vous pourrez y revenir une fois l'orage émotionnel passé), vous pouvez écouter les émotions de l'enfant, puis lui dire ce que vous entendez. Cette attitude est très puissante pour montrer à l'enfant que l'on se soucie de ce qu'il vit intérieurement et pas seulement de ce qu'il dit ou fait (et ne maîtrise pas complètement). Pour bien montrer à votre enfant que vous êtes attentif à ce qui se passe en lui, vous allez mettre des mots sur ce que vous observez de lui :

> *« On dirait que tu es très déçu d'avoir cassé ta tour en Lego pour crier comme ça. »*
>
> *« J'ai l'impression que tu es très excité de me voir rentrer du bureau pour tirer comme ça sur ma manche. »*
>
> *« Je sens que tu es déçu de ta note en maths pour dire que tu es nul d'avoir eu 13/20. Tu avais révisé et tu espérais sans doute un meilleur résultat. »*

On montre que l'on fait une hypothèse. On ne peut qu'essayer de deviner ce qui se passe en lui, nos propos doivent donc le refléter. On peut utiliser des formulations telles que : « on dirait que », « j'ai l'impression », « tu es peut-être », que l'on fait suivre de l'émotion identifiée chez l'enfant. La palette de vocabulaire pour exprimer ce que ressent l'enfant est très large. Les plus courantes – du moins celles qui génèrent habituellement le plus de tensions – sont la frustration, la contrariété, la jalousie, la colère, la déception, la peur. Pour être au plus proche de ce que ressent votre enfant, il faut faire un effort pour se mettre à sa place et imaginer ce qu'il peut penser et ressentir. Ce n'est pas l'attitude la plus commune lorsque l'on est parent, on a tendance à faire preuve de sympathie : vivre ce que notre enfant vit sans recul, et donc sans pouvoir l'aider, car il n'y a pas d'espace neutre et objectif entre lui et nous. Cela exige un effort de maîtrise de soi et de maturité de notre part. C'est aussi un exemple pour l'enfant – les enfants apprennent par mimétisme, bonne nouvelle !

Voici des exemples de phrases empathiques qui couvrent des situations courantes. À votre tour, pensez à des moments de fortes émotions que vous rencontrez, notez comment vous réagissez habituellement et comment vous pourrez désormais utiliser la technique de l'écoute empathique.

Situation de crise	**Ce que vous auriez pu dire avant**	**Phrase d'écoute empathique que vous pourrez désormais utiliser pour apaiser l'enfant**
Tu es la plus méchante maman/ le plus méchant papa du monde !	Je ne suis pas méchant(e), c'est pour ton bien que je t'interdis de jouer avec mon téléphone.	J'ai l'impression que tu es très fâché contre moi pour dire ça.

Situation de crise	**Ce que vous auriez pu dire avant**	**Phrase d'écoute empathique que vous pourrez désormais utiliser pour apaiser l'enfant**
J'veux pas aller à l'école.	De toute façon c'est comme ça, tu dois y aller.	Je sens que tu es contrarié d'aller à l'école ce matin, d'habitude tu aimes bien y aller, peut-être as-tu peur que la maîtresse se fâche (ou peur de retrouver un ami avec qui tu t'es fâché) ?
L'enfant jette de colère la manette de la console lorsque son parent lui dit d'arrêter.	Ça suffit, tu as déjà joué pendant une heure, tu te calmes maintenant !	Tu as l'air furieux pour lancer ta manette comme ça, tu dois être très déçu d'avoir dû arrêter ta partie de jeu vidéo.
L'adolescent claque la porte quand vous lui annoncez une nouvelle règle concernant l'usage des écrans à la maison.	Ça ne va pas, tu vas abîmer la porte. Ton comportement est inacceptable !	Tu sembles tellement en colère contre nous. On dirait que tu es furieux que l'on ait mis en place une nouvelle règle sur les écrans[2].
Il n'y a que toi qui ne viens pas me chercher à l'école, toutes les autres mamans viennent.	Tu sais, je travaille, je ne peux vraiment pas venir. Mais j'essayerai de venir bientôt te chercher.	Je sens que tu es très déçu(e) que je ne vienne pas te chercher à l'école.

2. Ce à quoi votre enfant répondra : « Elle est nulle votre règle ! » Vous pourrez alors lui demander : « Je vois bien que tu aurais préféré garder ton portable le soir, mais sais-tu pourquoi on met cette règle en place et à quel autre moment tu pourras utiliser ton portable ? »

Les bénéfices pour l'enfant sont nombreux. Il se sent écouté activement et est plus vite apaisé, car il n'a pas besoin d'en rajouter pour faire comprendre son émotion.

Maryam supervise les devoirs de sa fille Léa, 8 ans. Lorsqu'elle lui montre quelques fautes d'orthographe à corriger, sa fille s'énerve et commence à gribouiller nerveusement sur son cahier plutôt que de corriger ses erreurs. Maryam lui dit alors : « Je sens que tu es très contrariée d'avoir oublié les "s" au pluriel et de devoir les corriger. » (Au lieu de : « Arrête de t'énerver, tu vas devoir tout recommencer », comme elle pouvait le faire avant.) Sa fille lève son crayon et Maryam continue calmement en utilisant un compliment descriptif pour valoriser la petite fille : « Tu sembles énervée et pourtant tu as arrêté de gribouiller sur ton cahier, tu fais preuve de maturité. » Auparavant, la séance de devoir aurait tourné au pugilat. Mais grâce à ces phrases apaisantes, Léa reste beaucoup plus concentrée et se remet plus vite au travail, même quand elle passe par des phases de contrariété. Et cela a complètement modifié l'ensemble des soirées chez Maryam, car les devoirs ne ternissent plus comme avant l'atmosphère du foyer. En changeant sa façon de faire, Maryam a vu leur vie s'éclaircir.

Vous évitez ainsi l'escalade émotionnelle et l'accumulation de contrariétés mal digérées. C'est très différent de ce que l'on peut faire habituellement lorsque l'on s'énerve. En plus, lorsqu'elle est pratiquée régulièrement, cette attitude aide les enfants à gagner en maturité et en confiance en soi : ils ressentent des choses qu'ils comprennent mieux car elles sont reflétées par leur parent.

Attention, cette technique ne doit pas être vécue comme une injonction supplémentaire à faire encore plus ou encore mieux, ou une culpabilité additionnelle lorsque l'on ne réussit pas à l'utiliser. C'est plutôt un outil à votre disposition qui, chaque fois que vous parvenez à l'utiliser, est un bonus pour vous comme pour votre enfant. Lorsque les parents mettent en pratique cette technique, ils rapportent comment cela les aide à avoir des relations plus apaisées avec leurs enfants et à mieux profiter des moments de famille.

L'empathie est souvent une façon de faire avec les enfants, mais avec tout son entourage, cela apaise les relations, évite les tensions et contribue à rendre le quotidien plus serein.

La collaboration entre parents

Dans le syndrome du wonderparent, on trouve la charge mentale, le fait de devoir penser au millier de choses à faire et de porter tous les soucis du quotidien. C'est le petit vélo qui tourne en permanence dans sa tête que l'on soit au bureau ou avec les enfants. En sortir, côté famille, passe par le partage des tâches, de la charge familiale et domestique, la concertation sur les difficultés rencontrées avec les enfants. Au sein du couple, parental ou recomposé, on peut mieux partager les préoccupations et s'organiser.

Le bénéfice de la concertation est de partager la *to do*, c'est déjà beaucoup. Mais il y a un autre avantage encore plus important : c'est la capacité du couple à résoudre de nombreuses difficultés rencontrées avec les enfants. On peut, en se concertant, aplanir de nombreux problèmes que l'on rencontre et trouver des solutions beaucoup plus efficaces lorsqu'elles sont décidées conjointement plutôt que seul(e). C'est une clé très importante pour avoir une vie de famille plus apaisée et sortir du sentiment d'échec que l'on peut avoir face à un enfant qui fait tout le temps des colères ou une adolescente qui s'enferme dans sa chambre toute la journée sans dire bonjour.

Pourquoi parler d'une seule voix change la donne ? Comment faire pour impliquer chacun des parents dans la concertation ? Quels bénéfices pour le quotidien à la maison comme au travail ?

L'importance de parler d'une même voix

La plupart des comportements problématiques des enfants viennent d'attentes différentes entre parents, ou d'attitudes différentes face à l'enfant pour essayer de changer les choses. On a vu dans le cas de l'autonomie comment les différences entre parents limitent les progrès de l'enfant. Lorsque les parents rencontrent des problèmes sur le coucher ou les devoirs par exemple, on trouve très souvent un manque de concertation entre parents. Ils n'ont pas les mêmes exigences, se contredisent devant l'enfant, imposent des rythmes différents… Le risque est alors que l'enfant fasse ce qu'il veut.

> *Par exemple, quand un enfant annonce : « J'ai fini mes devoirs », si l'un des parents répond : « OK, parfait, tu peux aller jouer », et que l'autre n'est pas d'accord et se précipite pour intervenir en disant : « Non, attends, montre-moi d'abord ce que tu as fait », l'enfant ne se pliera pas à la dernière demande. De la même manière, si un parent laisse un enfant se coucher plus tard, il faudra batailler pour réussir à le coucher plus tôt les soirs suivants. Les tensions découlent souvent des*

désaccords ou, du moins, du manque de concertation entre parents.

C'est le même fonctionnement pour toutes les demandes du quotidien. Si un seul des parents demande de faire le lit le matin mais pas l'autre (que visiblement ça laisse indifférent), il y a peu de chances que les enfants le fassent, ou alors à reculons et après de nombreux rappels. Ils ne sentiront pas la même nécessité de le faire que si les deux parents le demandent. C'est la même chose pour toutes les exigences du quotidien : rester à table jusqu'à la fin du repas, se mettre aux devoirs, etc.

Le fait de faire un front uni face aux enfants est une des clés fondamentales pour obtenir plus de coopération des enfants et donc avoir un quotidien nettement plus agréable avec moins de rappels et de moments de crise.

Comment se concerter, même en cas de désaccords ?

Se concerter signifie prendre le temps de discuter et d'échanger. Cela peut paraître simple, mais comme de nombreux parents en font l'expérience, souvent, ce n'est pas fait, ou une fois de temps en temps sans résultats très concluants. Voici des recommandations qui ont aidé de nombreux parents à se concerter de manière à mieux partager leurs soucis du quotidien et à trouver des solutions qui leur ont apporté plus de bien-être.

Je recommande de faire des points courts, d'une quinzaine de minutes, mais réguliers. Courts, pour pouvoir les intégrer dans les journées surchargées, mais aussi pour impliquer les deux parents. Souvent, dans la démarche, un des parents est plus motivé que l'autre. Demander 15 minutes à chacun est raisonnable, même pour quelqu'un qui, au départ, n'est pas très volontaire. La régularité est importante, car, on l'a vu, les difficultés ne disparaissent pas d'un coup de baguette magique, ça se fait pas à pas. L'idée est de changer sa façon de faire avec les enfants pour qu'eux puissent changer. Cela mérite un peu de temps et des petits efforts réguliers. Le rythme doit être quotidien si vous avez une crise à gérer comme un enfant qui ne s'endort pas avant 23 heures tous les soirs, un petit qui hurle tous les matins pour aller à l'école, ou un adolescent qui ne vous adresse plus la parole. On ne veut pas laisser traîner, c'est épuisant ou inquiétant. On ne peut pas non plus tout résoudre en une fois. On peut bien parler une heure, mais ce qui est important, c'est le suivi de ce qu'on décide. Est-ce que le fait de changer la routine du coucher a aidé ? Est-ce que ma discussion avec mon adolescent l'a aidé à aller mieux ? Les points peuvent être plus espacés lorsque vous jugez que ça se passe plutôt bien, mais que vous voulez vous coordonner sur qui amène le petit à la crèche le matin, comment lui faire manger sa purée qu'il a tendance à repousser, etc. Ce ne sont pas à proprement parler des problèmes, mais des choses sur lesquelles vous voulez discuter pour être en phase – et pour que ça ne devienne pas des problèmes. Des points de 15 minutes réguliers vous aideront à progresser dans la recherche d'une vie de famille pour éviter les impasses et les divergences. Cela n'aplanit pas tout, la vie de famille reste imprévisible, mais cela permet d'éliminer de très nombreux soucis qui viennent polluer la vie du parent actif.

Caroline et Stéphane sont tous les deux entrepreneurs. Ils forment une famille recomposée avec les trois enfants de Caroline et les deux de Stéphane. Le challenge pour avoir une vie de famille apaisée est de taille, car chacun a des habitudes de vie différentes. Après des débuts très difficiles et beaucoup de tâtonnements pour faire fonctionner leur nouvelle famille, ils ont finalement mis en place le front uni. Les deux parents se gardent presque tous les jours 15 minutes pour parler de leurs enfants. Ils échangent sur les difficultés et la façon de les résoudre, quand un enfant, par exemple, ne suit pas les règles de la maison et que cela déteint immédiatement sur les autres… Ils s'accordent aussi sur le qui fait quoi, entre les courses, les repas, les devoirs, les accompagnements. Ce qui change en fonction de leur travail. Quand la boîte de l'un a besoin d'un coup d'accélérateur, l'autre essaie de prendre le relais à la maison sur les courses, les repas, les devoirs. Mais cela ne se fait pas par magie, et la concertation est indispensable pour se donner de la flexibilité, assurer une certaine continuité pour les enfants et gérer tous les soucis du quotidien. Malgré un contexte plutôt compliqué, la vie à la maison est devenue beaucoup plus sereine. Quand Caroline travaille plus intensément, elle est soulagée de savoir que Stéphane est présent auprès de tous leurs enfants. Même sentiment pour Stéphane quand, à son tour, il doit donner un coup de collier professionnellement.

Les points peuvent être faits quand on se voit le soir – avant 22 heures, sinon, personne n'aura envie de les faire –, ou on peut s'appeler dans la journée, pendant la pause déjeuner. Dans certains cas, notamment pour les parents séparés qui ont moins d'occasions – ou moins envie – de se parler, échanger par email est aussi possible. On peut écrire comment se passe le coucher et demander à ce que ce déroulé soit respecté chez l'autre parent.

S'accorder sur les « petits riens » (pas si anodins qu'ils en ont l'air) du quotidien

Quand on est en couple, c'est-à-dire que l'on vit avec quelqu'un, que ce soit ou non le parent des enfants, on est confronté à la question de la répartition des tâches domestiques. C'est souvent un sujet qui prête de manière récurrente à des petits conflits, à des reproches plus ou moins larvés. Dans son livre *Agacements, les petites guerres du couple*, Jean-Claude Kaufmann, sociologue et directeur de recherche au CNRS, souligne avec humour comment la frustration et l'agacement s'immiscent dans le quotidien. Il l'illustre avec les querelles autour du lave-vaisselle ou comment chacun a son idée sur la façon de le remplir, et si l'un commence à le faire, l'autre réorganise assiettes, verres et couverts à sa façon, s'agaçant du manque d'esprit pratique de son/sa conjoint(e). Souvent, les parents se reconnaissent dans cette anecdote. Oser soulever le sujet et en discuter permet le plus souvent d'en sortir. Cela peut même être un sujet dont on rigole. Les points de concertation entre parents permettent du fait de leur régularité de mettre sur le tapis aussi ce type de sujet… et d'avancer plus sereinement.

Quand des désaccords apparaissent, je propose aux parents de faire des compromis, de trouver des solutions intermédiaires où chacun se retrouvera un peu. Chacun fait un pas vers l'autre, car c'est mieux d'avoir une position commune et de parler d'une seule voix même si on ne se retrouve pas à cent pour cent dans la décision finale. Par exemple, si l'un des parents ne souhaite pas poser des limites sur les temps d'écran et que l'autre en souhaite, vous pouvez vous mettre d'accord sur des limites le soir mais pas dans la journée. L'objectif est de se donner une feuille de route commune en tentant de surmonter les divergences qui peuvent apparaître. Chacun s'y retrouve en partie et peut mieux s'impliquer lorsqu'il faut effectivement faire respecter la règle à l'enfant.

Les défis de la double carrière

La question de la double carrière se pose dans de nombreux couples. À partir du moment où les deux travaillent, il y a des contraintes et des ambitions à gérer, et ce quelle que soit l'activité de l'un et de l'autre. Il n'est pas nécessaire que les deux parents soient cadres pour avoir ce sujet. On peut accorder autant d'importance au lancement de l'activité d'artisanat de l'un que le métier d'avocat de l'autre. La double carrière peut être autant une question de revenus que d'épanouissement personnel. Il y a tout d'abord le soutien mutuel qui est important, l'envie de chacun de voir l'autre réussir et se sentir bien. Ensuite, c'est dans le concret et la coordination que ça se joue. Le fait d'échanger sur ses priorités et son rythme professionnel permet de voir comment s'organiser concrètement : qui va relever la nounou ou aller chercher les enfants à la crèche, par exemple. Cette organisation peut se faire dans le cadre des points de 15 minutes du front uni mentionnés précédemment. Cela permet les ajustements nécessaires à chacun pour coller aux besoins de l'autre. Ensuite les doubles carrières sont rarement linéaires. Plusieurs parents qui ont des postes de dirigeants évoquent des carrières sinusoïdales. On peut accélérer ou décélérer à certains moments. Chacun peut s'impliquer plus à un mom ent donné et s'appuyer sur l'autre parent.

Autonomiser ses enfants

Quand on travaille, on a besoin de gagner du temps. On a justement la possibilité d'en gagner d'une manière qui à la fois facilite la vie et est aussi largement bénéfique pour l'enfant. Il s'agit de l'autonomie, que je définis comme la capacité de l'enfant à faire par lui-même ce qu'il est capable de faire et sans qu'on ait besoin de lui demander. L'autonomie, c'est, selon l'âge, l'enfant qui mange sans qu'on lui tienne la cuiller, enfile ses affaires le matin sans qu'on l'aide, débarrasse son petit déjeuner sans qu'on le lui rappelle, part au collège à l'heure sans qu'on doive lui dire qu'il est temps d'y aller. L'autonomie est un levier important du bien-être du parent mais aussi de l'enfant. Les études montrent des bénéfices énormes pour l'enfant qui devient plus responsable et gagne en confiance en lui[1].

Les parents hélicoptères

Dans les médias on entend parler de « parents hélicoptères » qui sont présentés comme surprotecteurs.

1. Étude réalisée par Marty Rossman de l'université du Mississippi : https://www.washingtontimes.com/news/2015/jul/12/study-finds-having-kids-do-chores-is-a-good-thing/

Ils disent « nous » pour parler de leur enfant (« nous avons des devoirs à faire »), ont du mal à dire « non » aux demandes de leur progéniture, sont prêts à tout pour leur éviter la moindre contrariété (par exemple, apporter à l'école le sac de sport oublié le matin). De nombreux articles leur sont consacrés pour pointer du doigt tout ce qu'ils font et qui n'est vraiment pas à faire. Ces articles augmentent encore la culpabilité des parents. Qui ne se retrouve pas, du moins en partie, dans cette description ? Aborder le sujet de la parentalité sous l'angle de la critique n'aide pas les parents car c'est souvent difficile de dire non à son enfant et on est toujours prêt à l'aider le jour où il se retrouve dans une situation délicate. Le vrai sujet qui se profile derrière ces exemples est le suivant : qu'est-ce que l'on fait pour les enfants et qu'est-ce qu'ils peuvent faire par eux-mêmes ? Qu'est-ce que les parents peuvent exiger des enfants selon leur âge ? Et comment le faire pour y arriver sans se répéter sans cesse ? Se poser ces questions est plus aidant que de se culpabiliser encore plus sur le thème « malgré tout ce qu'on fait, on n'est pas de "bons parents" ».

Les freins rencontrés à l'autonomisation des enfants

Le développement de l'autonomie des enfants devrait être une évidence mais se heurte, dans les faits, à plusieurs obstacles. Le premier est l'habitude qu'ont les parents de faire à la place de l'enfant sans se poser de question. Aussi, lorsque l'enfant grandit, on continue à faire des choses qu'il pourrait faire lui-même parce qu'on ne trouve jamais le temps pour lui montrer ou la patience d'attendre qu'il tente de le faire seul. Si ce réflexe de « faire à la place de » est tout à fait compréhensible, il reste sur le long terme un très mauvais calcul : oui, nous gagnons trente secondes ce matin à mettre les scratchs des chaussures du petit dernier et à fermer nous-même son manteau, mais si nous prenons un peu de recul, nous nous apercevons que nous nous ajoutons une multitude de tâches qui, à la fin de la journée, prennent des dizaines de minutes. Et on prive de plus les enfants d'autant d'opportunités d'apprentissage.

Ensuite, il y a le refus des enfants de faire des choses et les tensions que cela crée quand les parents le leur demandent. « Pourquoi devrais-je le faire, Léo lui ne fait rien ! », « Je le ferai tout à l'heure ! », « J'ai déjà débarrassé la table, j'en ferai pas plus », ou encore le basique et efficace « Non ! » des plus petits. Les demandes deviennent source de tension si bien que les parents préfèrent renoncer et faire par eux-mêmes. Nous verrons comment vous pouvez surmonter ces difficultés si elles se présentent chez vous.

Le chemin de l'autonomie

Pour gagner en autonomie, un enfant doit apprendre à faire par lui-même. Il n'arrivera pas à lacer ses chaussures seul si je ne prends pas le temps de lui montrer comment faire. C'est la première étape, celle de l'apprentissage. Le parent doit prendre le temps de montrer *comment* faire. Ensuite, l'enfant doit *prendre l'habitude de le faire par lui-même*. Ce n'est pas parce que l'enfant sait qu'il le fait. Il sait lacer ses chaussures mais il réclame qu'on le fasse à sa place, ou il le fait mal, avec un lacet qui traîne par terre. Il sait faire son sac de sport mais oublie toujours la moitié de ses affaires. Cette transition entre le savoir et le savoir-faire est souvent délicate et ne s'effectue pas sans une aide régulière et patiente des parents.

La discussion préparatoire

Pour vous aider à passer le cap de l'autonomie et à gérer la phase entre savoir et savoir-faire, je propose la technique de la discussion préparatoire qui fait partie de l'approche Calmer Parenting. On prépare l'enfant à ce qu'il doit faire de manière proactive plutôt que réactive. C'est-à-dire que l'on n'attend pas le moment où il doit faire preuve d'autonomie pour lui en parler. On anticipe pour qu'il sache d'avance ce que l'on attend de lui

La technique de la discussion préparatoire consiste à poser des questions à l'enfant à un moment calme pour lui rafraîchir la mémoire sur les attentes parentales. Ces questions l'amènent à réfléchir et à anticiper. Par exemple, vous pouvez lui demander : « Où dois-tu ranger tes chaussures en arrivant à la maison ? », « Que dois-tu mettre dans ton sac les jours où tu as sport ? », « À quel moment dois-tu faire ton sac le jour de foot ? ». Au travers de votre questionnement, vous le mettez en situation. En variant vos questions, vous permettez à l'enfant de se projeter et d'augmenter les chances qu'il y pense au moment où il devra le faire.

Pour garder l'attention de l'enfant, l'échange doit être bref : une minute maximum. En revanche, vous pouvez le faire plusieurs fois par jour et sur plusieurs jours. Le fait de préparer l'enfant à ce qu'il doit faire l'aide à s'y mettre au moment voulu, car il s'est déjà projeté dans la situation : le cadre est clair, les attentes énoncées. Pour que cette technique ait des effets optimaux, les parents doivent donc exprimer clairement leurs attentes et être tous les deux d'accord (ils demandent la même chose).

Voici des exemples de ce que les parents ont mis en place en utilisant cette technique :

- *faire manger l'enfant par lui-même sans lui tenir la cuillère ;*
- *laisser l'enfant s'endormir seul sans que le parent soit à côté ;*
- *demander à un enfant de 6 ans de s'habiller par lui-même ;*
- *exiger d'un enfant de 8 ans qu'il range son cartable, qu'il prépare ses affaires de sport (ou de toute autre activité extrascolaire) seul et pense à les prendre le moment venu ;*
- *demander à un adolescent de mettre en route sa lessive.*

Pensez aux petites choses qui vous agacent au quotidien, et que vous souhaitez que votre enfant fasse par lui-même. Ensuite, réfléchissez aux questions à lui poser dans le cadre de vos discussions préparatoires. Souvenez-vous qu'un enfant est souvent capable de plus que ce que l'on imagine. Il peut s'habiller, ranger, manger, préparer ses affaires par lui-même bien plus tôt que ce que l'on imagine.

Si votre souci est que Théo, 4 ans, se relève dix fois par soir, pour demander de l'eau ou un câlin en plus, faire pipi, dormir avec vous, etc., vous pouvez utiliser la technique de la discussion préparatoire. À un moment calme, pendant 1 minute, posez-lui quelques questions, par exemple si le sujet est l'endormissement seul dans la chambre :

- *Dans quel dodo dois-tu t'endormir le soir ?*
- *Où dois-tu rester une fois que papa et maman t'ont fait le bisou du soir ?*
- *Qui reste avec toi dans le dodo le soir ? (le doudou)*
- *Est-ce que ce sera difficile pour toi de rester au lit après notre départ ? (Vous pouvez utiliser l'écoute empathique s'il exprime une émotion négative.)*

Cette technique favorise le développement de l'autonomie. Elle vous aide à clarifier vos attentes et permet à l'enfant de se projeter dans une situation nouvelle et donc mieux la vivre. Souvent, ce n'est pas le fait de faire les choses qui le contrarie, c'est plutôt de devoir les faire au moment où il ne s'y attend pas. Il a d'autres projets en tête, comme aller jouer. Les discussions préparatoires lui évitent cette déception en lui permettant d'appréhender la séquence dans son ensemble. Pensez à vos sujets et aux questions que vous pourrez poser à votre enfant. Dans un premier temps, notez les questions à l'avance pour vous faciliter l'exercice.

Puis, lorsque votre enfant a répondu à vos attentes, n'oubliez pas de le féliciter ! Pour cela, utilisez les techniques que nous avons déjà vues : les compliments descriptifs, qui permettent de valoriser et motiver l'enfant, ainsi que l'écoute empathique, qui peut l'aider à surmonter les frustrations liées au fait de faire par lui-même plutôt que de se faire servir.

Les écueils à éviter pour un chemin plus paisible vers l'autonomie

Le risque pour le wonderparent qui cherche l'efficacité à tout prix est d'appliquer les mêmes exigences à son enfant qu'à lui-même, de vouloir aller trop vite et d'attendre de l'enfant qu'il soit autonome très rapidement.

Le rythme des enfants n'est pas celui des adultes, il est plus lent. Le premier écueil est l'impatience qui conduit à se fâcher rapidement si l'enfant n'arrive pas à faire quelque chose qu'on lui a montré. Plutôt que de vous répéter ou d'élever la voix, notez mentalement ce que vous voulez changer et demandez-vous comment vous allez faire. Votre enfant n'arrive plus à faire ses lacets ? Vous pouvez lui montrer à nouveau comment faire, mais à un moment où vous pourrez prendre cinq minutes pour bien lui montrer et le laisser s'entraîner lui-même avec vous pour le guider. Ou vous pouvez faire des discussions préparatoires pour qu'il ne réclame plus qu'on vienne à chaque fois qu'il enfile ses chaussures. Ayez confiance en votre enfant et en vous pour réussir à changer les choses. Et si votre enfant ne parvient pas à mettre ses chaussures un matin et que vous êtes pressé(e), faites-le vous-même. Et notez mentalement que vous le referez ensemble, quand vous prendrez le temps nécessaire, et là il y arrivera.

L'autre écueil en voulant aller vite est de décourager l'enfant. À peine a-t-il acquis une nouvelle compétence (s'habiller seul, se mettre à ses devoirs sans qu'on soit sur son dos, etc.) qu'on passe à la suivante. Pensez à féliciter l'enfant pour ses progrès et à rester même près de lui au début pour montrer que ce n'est pas parce qu'il sait faire que vous allez le laisser seul. Les enfants peuvent avoir un sentiment d'abandon quand on les laisse seuls dans leur chambre pour s'habiller ou faire leurs devoirs alors qu'auparavant on était à leur côté. Faites des compliments descriptifs, encouragez-les et montrez votre satisfaction de les voir grandir et devenir plus autonomes. Ils n'en seront que plus motivés pour persévérer.

Enfin, le dernier écueil est de survoler les techniques proposées et au bout du compte de faire comme avant. Au lieu de poser des questions lors de la discussion préparatoire, vous dites ce qu'il doit faire au lieu de lui faire dire. C'est alors un discours ou un rappel mais ce n'est pas une discussion préparatoire qui aide l'enfant à se projeter. Quand on dit les choses, elles entrent par une oreille et sortent par l'autre. L'autre risque en allant trop vite est de ne pas prendre le temps de partager au sein du couple ses attentes. Et un parent peut mettre en place quelque chose sans que l'autre le sache (ou s'en souvienne). Il mine ainsi les efforts de l'autre. L'un attend que les lacets soient faits par l'enfant tandis que l'autre nouent les lacets sans même laisser une chance à l'enfant de s'atteler à la tâche. Pour l'enfant, c'est incohérent et le plus souvent, il choisit la voie de la facilité. Les parents doivent donc relayer le même objectif et encourager la mise en place des mêmes moyens pour y parvenir ; d'où l'importance de se concerter entre parents comme on l'a vu au chapitre précédent.

La délicate question des écrans

Le cas des écrans nécessite que l'on s'y arrête un peu, car ils jouent un rôle à part dans l'autonomisation des enfants et plus généralement dans la vie des parents actifs. Ils sont à la fois un outil de travail mais aussi et bien sûr une manière d'obtenir le calme à la maison à peu de frais. Je choisis donc de traiter cette question de manière familiale, car il est primordial de se rendre compte de notre propre usage des écrans pour pouvoir prétendre réformer ou du moins maîtriser celui qu'en font nos enfants.

En tant que parents actifs, nous sommes amenés à utiliser beaucoup ordinateur et téléphone pour travailler même lorsque l'on est à la maison. A fortiori lorsque l'on est en télétravail, auquel cas les enfants nous voient des journées entières face à l'écran. Et quand on doit garder son enfant malade à la maison et malgré tout continuer à travailler, on n'est pas mécontent de pouvoir gagner quelques heures de tranquillité en laissant l'enfant devant un Disney ou sa série préférée. Les familles étant de plus en plus équipées, avec 5,5 écrans par foyer en moyenne[2], les enfants y ont accès très facilement.

On ne peut pas éviter ce sujet qui à la fois facilite et complique la vie du parent actif. C'est souvent un

2. Selon l'Observatoire de l'équipement audiovisuel des foyers du CSA (quatrième trimestre 2018).

dilemme pour le wonderparent. Il entend que d'un côté les écrans ne sont pas bons pour les enfants mais d'un autre, lui-même ne peut pas montrer l'exemple et il y recourt pour ses enfants quand ça l'arrange pour avoir la paix ! C'est encore un sujet de culpabilité.

Vous trouverez des clés pour sortir de ce dilemme qui se pose de manière aiguë et souvent au quotidien. Tout d'abord, on verra comment mettre un cadre qui tient la route pour les parents comme pour les enfants pour trouver ce qui chez vous permet d'utiliser les écrans tout en se préservant des moments d'échange sans écran. Ensuite, vous verrez comment faire pour que ce cadre soit respecté par tous les membres de la famille et pour ouvrir la voie de l'auto-régulation à vos enfants.

Poser des règles pour les parents et les enfants

On consulte notre téléphone portable en moyenne 221 fois par jour[3], soit environ 15 fois par heure ! Si l'on pose des conditions aux enfants, il faut soi-même se mettre des limites. L'idée n'est pas d'être exemplaire dans le sens où l'on ne serait jamais sur son téléphone ou son ordinateur en présence des enfants, mais de montrer que l'on s'impose des temps *off*, où le téléphone est posé, la télé éteinte et où les notifications sont mises en

---

3. Une étude réalisée en 2014 en Grande-Bretagne par Tecmark, une agence de marketing, le montre sur un échantillon de 2 000 utilisateurs comme le rapporte *Ouest-France* : https://www.ouest-france.fr/high-tech/smartphone-combien-de-fois-le-regardez-vous-par-jour-2935158

silencieux. Certaines règles comme « pas d'écran à table » ou « quand on te parle, tu poses le téléphone » s'appliquent à tous, parents inclus. D'autres sont nécessairement différentes, car nous, adultes, avons des responsabilités que les jeunes n'ont pas. On doit travailler, gérer l'administratif, et on a le droit aussi de se divertir, ce que l'on ne s'accorde pas dans la journée pour cause de travail. On peut imposer à nos enfants et nos adolescents d'éteindre tous les objets électroniques le soir bien plus tôt qu'à nous-mêmes. Mais on se donne aussi une heure de fin. C'est important de communiquer sur les limites que l'on se pose pour montrer l'exemple et rendre visible le fait que nous aussi avons besoin de règles pour juguler notre usage des écrans.

Comme tous les parents en ont fait l'expérience, pour ne pas se laisser envahir par les écrans, il est nécessaire de poser des règles à la fois pour les parents et les enfants (et pour eux en fonction de leur âge). Je propose ensuite de préparer toute la famille à ces règles, de les afficher et de faire un suivi (pour s'assurer que les règles vivent et ne sont pas reléguées au placard au bout d'une semaine).

Le No Wifi Time

Régulièrement des parents me disent qu'ils ont passé un très bon moment en vacances ou dans un endroit isolé à la campagne sans wifi ni 4G ! Ces expériences sans écran rappellent à quel point leur présence nuit aux relations intrafamiliales. Mais on peut aller plus loin : ce qui détend l'atmosphère, c'est qu'il n'y ait pas la possibilité d'utiliser un écran. Personne n'est pressé de finir le jeu pour aller sur son téléphone, on s'amuse avec ce que l'on a sans se dire que l'on pourrait faire quelque chose de « mieux » sur son ordinateur ou sa console. On vit le moment présent. C'est cet esprit qui disparaît une fois que les écrans sont à disposition. Créer ces moments de déconnexion pendant lesquels il est clair pour tout le monde que ne pas utiliser un écran (pendant un temps défini par le parent et pas laissé au choix de l'enfant) n'est pas une option mais est la condition pour que chacun soit partant pour participer à la préparation du repas ou à un jeu de société. C'est valable pour les enfants comme pour les parents.

Un préalable est que les règles soient définies conjointement entre les adultes présents dans le foyer, en étant d'accord non seulement sur le contenu mais aussi sur la façon de les faire respecter. Présenter un « front uni » sur des sujets potentiellement conflictuels est important, comme nous le verrons dans le chapitre suivant. Vous pouvez, si vous le souhaitez, et en fonction de leur âge, inclure les enfants dans la définition de règles. Ils y adhèrent ainsi un peu plus facilement. Mais pour éviter les demandes excessives ou irréalistes, posez un cadre dès le départ, par exemple en disant : « Tu peux faire le week-end 2 heures d'écran. À quel moment préfères-tu que ce soit ? »

Ensuite, il est important que les règles soient à la fois claires, précises et réalistes. Avec des règles claires, vous aidez tout le monde à les intégrer, parents, enfants et tiers qui gardent vos enfants. Ça peut être « pas d'écran avant l'école » ou « pas d'écran après le dîner ». Ensuite, les règles doivent être précisées pour ne pas laisser de place à l'interprétation ou au contournement. Vous pouvez détailler la durée d'utilisation des écrans, les conditions ou le moment de la journée. Une règle telle que

« 20 minutes d'écran en fin d'après-midi après avoir fini les devoirs » est préférable à « les écrans, c'est après les devoirs ». Les règles doivent être aussi réalistes dans leur application. Si vous avez défini qu'il n'y a pas d'écran le soir, il ne faut pas que votre adolescent ait son ordinateur dans sa chambre, même s'il vous garantit qu'il ne l'utilisera pas (ce n'est pas une question de confiance, il est trop tentant de l'utiliser). Vous n'avez alors aucun moyen de savoir s'il l'utilise ou pas après le dîner une fois que chacun vaque à ses occupations ou que vous allez vous coucher.

Quelques conseils pour la mise en œuvre des règles

Rarement, le seul fait de communiquer les règles suffit. Il est trop facile et tentant pour chacun d'aller à n'importe quel moment de la journée regarder une petite vidéo sur son téléphone, répondre à un message ou allumer la télé pour une émission sympa. Pour mettre toutes les chances de votre côté, utilisez les techniques de l'approche Calmer Parenting vues précédemment. Elles permettent de préparer les enfants en amont, de les motiver et de les accompagner avec empathie dans les frustrations que ces règles vont nécessairement générer. Elles sont plus efficaces et apportent plus de sérénité à la maison que le cercle infernal qui consiste à élever la voix, s'énerver et confisquer.

Vous pouvez utiliser la technique de la discussion préparatoire pour rafraîchir la mémoire des enfants sur vos règles. Comme on l'a vu au chapitre précédent, elle consiste à poser des questions à l'enfant sur vos attentes à un moment neutre, quand votre enfant n'est pas sur un écran et est calme. Vous pourrez lui demander :

> *« À quel moment de la journée dois-tu poser ton téléphone dans le salon ? »*
>
> *« En semaine, que dois-tu faire avant de pouvoir regarder la télévision ? »*

Si votre enfant répond bien à ces questions, c'est déjà un premier pas ; s'il n'y répond pas correctement (volontairement), essayez de lever ses réticences en restant dans l'empathie. Par exemple, vous pouvez lui dire :

> *« Je sens que tu es très contrarié par cette nouvelle règle. »*
>
> *Si, par exemple, vous voulez faire une sortie le samedi après-midi sans que le départ ne tourne au drame parce que vous n'arrivez pas à arracher votre enfant à sa console, je vous conseille d'anticiper et d'annoncer la sortie à l'avance, puis de le préparer avec la discussion préparatoire. Vous pouvez vous y prendre dès le début de la semaine si vous anticipez une forte résistance. Voici un exemple. Dès le lundi, allez voir votre enfant et annoncez-lui ce que vous avez décidé : « On fera une sortie à Paris samedi après-midi tous ensemble puis on ira prendre un goûter dans un café. » Puis, enchaînez sur vos questions : « Que fera-t-on samedi après-midi ? » Si sa réponse est : « C'est bon, j'ai entendu », ne vous en contentez pas, car ceci n'est pas une réponse satisfaisante par rapport à votre question. Il faut qu'il reformule pour bien se projeter. Dites-lui alors : « Très bien, dis-moi ce que tu as entendu. » Puis une fois qu'il vous donne la réponse, posez d'autres questions comme « À quel moment pourras-tu jouer avec ta console samedi ? ». Posez vos questions, en veillant à ne pas dépasser une minute. En*

revanche, il faut les renouveler plus tard dans la journée, le reste de la semaine, car visiblement, votre enfant n'est pas du tout enthousiaste et risque encore de poser des difficultés lorsque vous voudrez quitter la maison. Reposez lors de nouvelles discussions préparatoires des questions variées, telles que : « Que fera-t-on tous ensemble samedi après-midi ? », ou encore : « Que devras-tu faire quand samedi je dirai que c'est l'heure de sortir ? » Plus votre enfant est préparé, plus il se fait à l'idée de la sortie et plus il sera coopératif le jour même.

Pensez à faire des compliments descriptifs lorsque votre enfant répond correctement à vos questions, puis lorsqu'il respecte la règle même s'il rouspète ou s'il l'applique partiellement. Vous pouvez dire « Je vois que tu as posé ta console, comme on te l'avait demandé », ou encore « Tu as regardé ton téléphone mais tu l'as vite reposé. Tu as pensé à la nouvelle règle ».

J'ai abordé en détail dans mon livre *Débranchez vos enfants* l'impact des écrans sur les enfants, notamment au travers de nombreuses études réalisées sur le sujet et les techniques que vous pouvez utiliser si celui-ci est un problème chez vous. Il est intéressant de rappeler ici que les écrans touchent la cellule familiale en profondeur en affectant le comportement des enfants.

Carla, responsable RH, a deux garçons de 2 et 5 ans et est principalement en télétravail. Son mari, Bastien, qui est en horaires décalés et travaille de nuit, s'occupe des enfants du retour de la crèche et de l'école jusqu'au « retour » de sa femme, puis lui-même part travailler. Bastien leur laisse un temps de télé en fin d'après-midi quand lui-même a besoin de faire une pause avant de partir travailler. Lorsque Clara arrive, ils sont devant la télé et elle doit commencer par arrêter leur dessin animé pour entamer le rituel du dîner-histoire-dodo. Mais à peine la télévision est-elle éteinte, que ce sont cris, chouinements et disputes qui commencent. Tout se termine tant bien que mal vers 22 heures, une fois les enfants à peu près calmes dans leur lit. Clara est épuisée de devoir employer tant d'énergie à les calmer puis les coucher. Après en avoir discuté lors d'un coaching, Clara et Bastien ont revu les temps d'écran : ils ont décidé que les enfants regarderaient la télé un peu plus tôt dans l'après-midi pour que tout soit éteint au moment où Carla prend la relève. Cela a fait complètement retomber la pression des soirées.

Quelle autonomie donner aux enfants avec les écrans

La démarche proposée ouvre la voie à une plus grande autonomie de vos enfants dans l'usage des écrans, car vous leur donnez des habitudes d'utilisation. Vous apprenez à l'enfant à mettre des limites à ses temps d'écran. Une fois que vous voyez que votre enfant pose ses écrans à l'heure prévue sans qu'on lui demande, vous pouvez vous dire qu'il a gagné en autonomie. Vous pouvez alors lui laisser plus de liberté sur la façon d'utiliser les écrans car il a appris à s'autoréguler. Mais si vous constatez des débordements, je vous conseille de revenir à la démarche initiale. Il n'y a pas d'âge pour donner de l'autonomie aux enfants sur ce sujet, cela dépend de chaque enfant, de son tempérament et des habitudes que l'on réussit à lui faire prendre.

Le sujet des écrans peut aisément rendre la vie du parent actif infernale. Il est important de se poser, de réfléchir à l'usage que l'on veut en faire pour soi, pour sa famille et de mettre en place ce qui permet d'en maîtriser les usages. C'est ainsi que l'on peut mieux vivre le fait d'utiliser les écrans à la maison pour son travail ou pour soi et de poser des limites aux enfants sans culpabilité.

Être parent et travailler, c'est être obligé de bricoler en permanence, de trouver du temps pour être avec les enfants après le travail, chercher des solutions pour résoudre les conflits du quotidien. Les clés proposées dans cette partie devraient vous aider à mettre en place ce dont vous et vos enfants avez besoin : passer malgré tout des bons moments en famille, avoir des activités en commun et des moments d'échange. Bref, à profiter d'une atmosphère apaisée pendant le peu de temps familial dont vous pouvez disposer par jour !

Que l'on soit clair : je suis bien consciente que ce n'est pas la panacée, nous sommes du côté du système D puisque nous devons régler au sein de notre foyer un problème systémique de société. Si l'on pouvait rêver un peu à une réflexion collective sur les conséquences de la parentalité active, il faudrait imaginer de vrais changements dans les mentalités et le fonctionnement de la société : on travaillerait moins, il serait possible d'avoir des carrières sinusoïdales où l'on pourrait ralentir le rythme sans se faire éjecter, puis reprendre quand on en aurait envie ou quand l'autre parent ferait une pause. On aurait ainsi plus de temps pour les enfants ou pour s'investir dans une passion personnelle ou donner de son temps à la communauté.

Puisque l'heure n'est pas encore à l'idéal d'une remise en question profonde de nos modes de vie, qui tiennent enfin compte des évolutions récentes (seconde moitié du xxe siècle) de la société, nous pouvons déjà nous interroger sur le chemin à prendre pour amener les mentalités à évoluer et mettre en place quelques mesures plus locales pour que le bricolage soit moins douloureux au sein des familles avec deux parents actifs. Allons donc trouver des raisons d'espérer dans la dernière partie de ce livre !

QUATRIÈME PARTIE

Pour une révolution de la parentalité active

Au rythme actuel, il faudrait attendre l'année 2156 (je vous épargne le calcul : plus de 130 ans !) pour voir l'égalité entre les femmes et les hommes effective en entreprise[1]. Si, concernant la parité, un objectif est clairement exprimé, il n'en est pas de même pour la parentalité active qui donne plutôt l'impression d'un tâtonnement où différentes visions se croisent. Pourtant, le problème est systémique : tant que la société n'aura pas effectivement muté vers un modèle intégrant pleinement l'égalité hommes-femmes et notamment l'arrivée des femmes sur le marché du travail – et sa corrélation naturelle : leur désertion de la sphère domestique –, on ne pourra espérer une vie supportable pour les parents actifs.

Mais la société bouge, petit à petit, lentement mais sûrement. Nous partirons du vécu des centaines de collaborateurs et collaboratrices que j'ai rencontré afin de voir ce qui se pratique déjà dans

1. Rapport : « Six mesures concrètes pour améliorer la mixité dans les entreprises » : https://www.capitalisme-responsable.com/wp-content/uploads/OMix_Livre-Vert_avril_2022.pdf

certaines entreprises et s'avère porteur d'espoir pour la suite. À partir de ce constat, nous verrons comment aller plus loin au niveau des politiques publiques et des entreprises pour infléchir la société vers la mue nécessaire et offrir vraiment aux parents actifs les moyens de s'épanouir personnellement et professionnellement.

Des politiques complexes et peu lisibles

Le constat est frappant. En passant d'une entreprise à l'autre, la parentalité n'est pas du tout prise en compte de la même manière.

Si vous avez un enfant et travaillez dans le secteur de l'immobilier, le plus probable est que vous aurez 16 semaines de congé maternité. Si vous êtes dans une entreprise du secteur bancaire, vous pourrez partir jusqu'à 28 semaines soit presque trois mois de plus tout en étant rémunéré. Ce n'est pas pareil de reprendre le travail quand son bébé a 3 mois ou quand il en a 6 et d'être rémunérée à 100 % ou pas. Ces écarts concernent aussi les pères ou seconds parents. Certaines entreprises proposent un maintien de salaire pendant le congé paternité. Mais la plupart des pères devront se limiter aux indemnités de la Sécurité sociale s'élevant à moins de 100 euros par jour. Les écarts d'un secteur à l'autre et d'une entreprise à l'autre sont énormes en ce qui concerne la prise en compte de la parentalité. Au-delà des congés maternité et paternité, la parentalité reçoit un accueil drastiquement différent selon les entreprises : entre une boîte où il est possible de parler de ses contraintes et de bénéficier d'une certaine flexibilité dans son organisation, et une autre où rien ne doit faire obstacle à la disponibilité et où la question des enfants est quasi taboue, le vécu des parents actifs peut être extrêmement contrasté.

Lorsque l'entreprise se réduit à une personne comme dans le cas des free-lances, seul un congé maternité existe, mais il n'est indemnisé que faiblement et, surtout, il n'offre aucune compensation pour le chiffre d'affaires non réalisé. Le manque à gagner peut être très important.

L'imbroglio des responsabilités

Ces inégalités criantes de prise en compte de la parentalité sont le résultat d'un système extrêmement complexe où toutes les strates sont impliquées : État, organisations syndicales, entreprises, management. Il faut déjà comprendre comment est composé le « mille-feuille » des politiques de soutien à la parentalité. Il existe quatre niveaux dans la politique de la parentalité d'une entreprise :

- le légal, voté dans des lois ou inscrit dans le Code du travail (ce que toute entreprise est obligée légalement d'appliquer en France) ;
- la convention collective négociées entre les organisations syndicales représentatives des salariées et des employeurs : toute entreprise adhère à une convention collective qui peut proposer des avantages complémentaires par rapport au légal ;
- les accords d'entreprise, négociés au sein d'une entreprise avec les représentants du personnel, qui couvrent certains sujets tels que l'égalité

professionnelle entre les hommes et les femmes et peuvent aussi toucher à la parentalité ;

– la culture et les pratiques de l'entreprise initiées par le management.

Un exemple concernant le congé maternité dans une grande compagnie d'assurances[1] *permet d'illustrer ces différents niveaux :*

- *Le légal prévoit un congé maternité de 16 semaines (pour une grossesse simple) indemnisé (indemnités journalières de la Sécurité sociale) et oblige à un entretien au retour de ce congé. Le Code du travail prévoit en plus l'entretien individuel de départ et de retour de congé maternité.*
- *La convention collective de cette entreprise, la Convention collective nationale des compagnies d'assurances donne 4 semaines en plus, soit 20 semaines de congé maternité, et assure le maintien du salaire pendant toute la durée du congé maternité*
- *L'entreprise offre un complément de 8 semaines, ce qui permet à une femme de totaliser 28 semaines de congé maternité rémunérées*
- *Enfin, le département des ressources humaines propose un accompagnement avec des sessions d'information sur les droits et les démarches à réaliser, des séminaires de re-onboarding post-congé maternité, etc.*

La complexité du sujet et le manque de cohérence global conduisent à de grandes disparités.

Finalement, à moins de faire partie du département des ressources humaines de l'entreprise, rares

1. Chez Cardif (groupe BNP Paribas) par exemple.

sont les personnes à pouvoir vous dire avec précision ce à quoi vous aurez droit en devenant parent.

Des inégalités invraisemblables

Certains groupes industriels issus de différentes fusions présentent les cas les plus complexes. Chaque entreprise constituant le groupe garde sa convention collective et ses avantages sociaux. Ainsi, au sein du même groupe, des collaborateurs n'ont pas les mêmes durées de congés maternité ou paternité ou pas le même nombre de jour de congé enfant malade en fonction de leur entité de rattachement. Face à toutes ces disparités, la plupart des jeunes et futurs parents s'engagent dans une entreprise sans avoir aucune idée des conditions offertes à l'arrivée d'un enfant là où ils postulent.

Sur l'exemple donné à la section précédente, on voit comment s'articulent les différents niveaux. En théorie, vous n'avez besoin que de savoir que vous pouvez bénéficier de vingt-huit semaines et d'un accompagnement RH. Mais comprendre d'où cela vient permet d'avoir une meilleure vision des avantages dont vous pouvez bénéficier et de savoir où trouver l'information (au niveau de la convention collective, de l'accord d'entreprise...). En outre, vous pourrez ainsi mieux comprendre pourquoi vous n'avez pas toujours les mêmes avantages que vos ami(e)s et connaissances, et comparer les propositions lors d'un recrutement ou changement d'entreprise.

Les parents qui ne sont pas dans de grandes structures mais sont à leur compte en free-lance ou travaillent dans des TPE (très petites entreprises) sont aussi sur les *minima* en termes de couverture (sur les durées des congés). La plupart du temps, ils ne bénéficient que d'indemnités journalières qui ne compensent pas la perte de revenus liée à l'arrêt de leur activité. C'est un vrai sujet à porter : la condition des parents en free-lance ou en TPE doit progresser dans les années à venir, c'est important !

La nécessité de mieux communiquer sur les politiques parentales

La complexité des politiques parentales est telle que 50 % des parents qui sont pourtant concernés en premier lieu déclarent mal connaître leurs droits[2]. Comme on l'a vu, la situation est très différente d'un secteur à l'autre et d'une entreprise à l'autre. Il est nécessaire d'avoir une communication claire sur les avantages et les options offertes aux actifs qui deviennent parents. Au niveau de l'entreprise, il faut a minima que les entreprises aient un guide de la parentalité et des responsables RH suffisamment accessibles pour répondre à toutes les questions.

D'autres initiatives sont bienvenues pour diffuser l'information et la rendre facilement accessible. Ça peut être sous forme d'une page « Parents » sur l'intranet de l'entreprise ou d'ateliers d'information pour les futurs parents comme cela se fait

2. Étude menée auprès de 37 000 salariés par le Conseil supérieur de l'égalité professionnelle et l'Institut BVA en 2018 : https://www.bva-group.com/sondages/prise-compte-de-parentalite-vie-travail/

dans quelques grands groupes. Par exemple, Cardif propose des sessions organisées par les ressources humaines et l'action sociale dédiées aux futures mamans. C'est indispensable de rendre l'information très accessible et de donner la possibilité de poser des questions pour faire le point selon sa situation individuelle.

Avanade a lancé un programme de formation de relais parentalité au sein de l'entreprise en formant des collaborateurs et collaboratrices à ces sujets afin d'être plus à l'écoute des salariés parents et de pouvoir les aiguiller selon leurs besoins et les problématiques rencontrées.

On parle entreprise et plutôt grandes entreprises. Pour les TPE, il n'y a souvent pas de service RH aussi développé qui peut assurer un bon niveau d'information (au vu de la complexité du sujet), et les indépendants par définition n'ont pas de relais sur ce sujet. La communication doit donc être facilitée aussi au niveau des autres acteurs du mille-feuille. Il faudrait un interlocuteur de la Sécurité sociale dédié et joignable par email ou téléphone pour aider de manière individuelle dans les démarches et pour que chacun puisse bénéficier de tous les avantages prévus.

Des politiques publiques très insuffisantes

En première ligne des avantages pour les parents actifs, on trouve les politiques mises en place et les lois, comme on vient de le voir. Ce que l'on appelle le « légal ». Tout parent ne peut avoir moins que ce qui est défini à ce niveau. Actuellement, les sujets prioritaires portent sur la petite enfance et la garde des jeunes enfants. C'est une bonne chose, on parle de l'importance des mille premiers jours mais c'est encore insuffisant. Il faut tenir compte des besoins familiaux et professionnels des parents actifs non seulement pendant les premières années de l'enfant mais pendant toute l'enfance et l'adolescence. Et là, l'impensé est total. On ne peut pas travailler jusqu'à 18 ou 19 heures et récupérer son enfant à l'école sans parler même de l'accompagner à des activités. Tous ces angles morts de la parentalité active n'ont pas été envisagés et laissent les parents dépourvus.

Pour une véritable révolution pour tous les parents actifs, il faudrait un renforcement des politiques publiques actuelles dans les directions proposées ici : sur le congé maternité/paternité, sur tous les types de garde d'enfant et pas seulement les structures collectives, sur l'intégration des activités extrascolaires avec l'école et sur le soutien à la parentalité. Des initiatives existent et montrent que des solutions sont possibles.

La question des congés liés à la naissance

L'axe prioritaire des lois en faveur des parents est actuellement d'améliorer la garde des enfants avec un focus sur les structures collectives pour les trois premières années.

Des progrès encourageants

Le rapport des 1 000 premiers jours[1], réalisé à la demande du gouvernement, souligne l'importance des soins apportés par les parents les trois premières années de l'enfant et notamment de la place du père dans cette période où traditionnellement la mère est plus présente. Sur la base de ce rapport, il a été décidé d'allonger le congé paternité et congé d'accueil du jeune enfant. Ce dernier est ainsi passé de 11 jours à 25 jours depuis juillet 2021. Le rapport Damon-Heydemann[2], plus récent, avance de nouvelles préconisations (non encore mises en œuvre au moment de la parution de cet ouvrage) avec notamment, d'un côté, un congé parental mieux indemnisé

---

1. « Rapport de la commission des 1 000 premiers jours », septembre 2020 : https://solidarites-sante.gouv.fr/IMG/pdf/rapport-1000-premiers-jours.pdf
2. « Rapport Damon-Heydemann », septembre 2021 : https://solidarites-sante.gouv.fr/IMG/pdf/2021_rapport_damon_heydemann.pdf

et, de l'autre, la création de places en structure d'accueil des tout-petits[3].

Peut mieux faire !

On l'a vu, des progrès ont été faits pour les pères ou seconds parents, avec l'allongement du congé paternité. Il faudrait aller plus loin pour les deux parents. Pour quoi ?

- pour permettre aux femmes qui veulent allaiter de le faire jusqu'aux 6 mois de l'enfant comme cela est préconisé par l'OMS ;
- pour réduire l'épuisement maternel les premiers mois lorsqu'elles reprennent le travail alors que leur bébé ne fait pas encore ses nuits ;
- pour accentuer l'implication du père ou second parent dans la vie de famille très tôt et lui permettre de prendre son congé tout d'abord autour de la naissance, puis lorsque la mère reprend le travail. Cela aiderait la mère à sa reprise du travail de savoir son enfant gardé par l'autre parent ;
- pour lutter contre les inégalités hommes-femmes sur le marché de l'emploi en rendant de plus en

3. Voici quelques préconisations du rapport Damon-Heydemann : le renfort de prestations la première année pour que l'enfant puisse être gardé le plus longtemps possible par chacun de ses parents ; la réduction du congé parental à 6 mois (PréParE) mais l'amélioration notoire de l'indemnisation pour faciliter sa prise par les parents actifs ; la création de places en structure d'accueil pour la deuxième et troisième année de vie de l'enfant et pour permettre aux parents de reprendre le travail.

plus égales les absences pour congé maternité ou paternité.

Les inégalités femmes-hommes : le combat continue !

On parlait précédemment des combats féministes. Ceux-ci ont été en partie repris à leur compte par les politiques et posés dans le cadre de lois. En janvier 2011, la loi Copé-Zimmermann prévoit que les conseils d'administration et de surveillance des entreprises soient composés à égalité de femmes et d'hommes. Cependant, après plusieurs années de mise en œuvre, on constate que cette obligation n'a pas réussi à insuffler plus d'égalité aux autres niveaux de l'entreprise. La loi Rixain, passée le 24 décembre 2021, va plus loin dans la féminisation des entreprises et exige (entre autres mesures) que la proportion de chaque sexe dans les instances dirigeantes (directions générales, comités exécutifs et comités de direction) ne puisse y être inférieure à 40 % d'ici à 2030, sous peine de sanctions[4]. Afin de motiver les entreprises à agir sur différents aspects de la mixité, l'index de l'égalité salariale femmes-hommes, initié par Muriel Pénicaud, ministre du Travail, est mis en place en 2019. Des pénalités financières sont prévues dans certains cas. L'octroi de points se fait sur des critères précis favorisant l'égalité hommes-femmes notamment lors des congés maternité. Par exemple, « le non-respect de l'octroi des augmentations individuelles aux femmes de retour de congé de maternité fait perdre directement

4. En 2030, les entreprises de plus de mille salariés devront compter 40 % au minimum de personnes de chaque sexe parmi leurs cadres dirigeants et membres d'instances dirigeantes. Avec une première étape de 30 % en 2027. La loi Rixain fixe des sanctions : les récalcitrants seront passibles d'une amende égale à 1 % de leur masse salariale.

quinze points sur cent, c'est très visible et très négatif en termes d'image », souligne Xavier Rossignol, directeur des ressources humaines de Sapian[5]. La publication obligatoire des indices incite donc fortement à s'activer.

Plus spécifiquement, le congé maternité pourrait aller jusqu'à 22 semaines et le congé paternité jusqu'à 16 semaines à prendre en deux fois à la naissance puis le cas échéant, lorsque la mère reprend son travail post-congé maternité. Deux mois à la naissance de l'enfant et deux mois à la reprise du travail de sa conjointe.

Les congés allongés et répartis entre hommes et femmes existent dans les pays nordiques et cela permet un véritable rééquilibrage, y compris dans l'équilibre familial tout au long de la vie de l'enfant : les pères ou seconds parents sont plus impliqués dès le début de la vie de l'enfant et cette implication perdure dans le temps. Un autre exemple est celui de certaines entreprises américaines, dont Uber[6], Meta[7] ou encore American Express[8], qui offrent aux parents – femmes et hommes – quatre mois de « *parental leave* » à la naissance de leur enfant.

Là où cela se pratique déjà, on voit les bénéfices de l'allongement des congés maternité et paternité.

5. Une société spécialisée dans l'hygiène, la désinfection et la protection des lieux de vie et de travail.

6. https://www.uber.com/us/en/about/diversity/parents-at-uber/

7. https://www.metacareers.com/facebook-life/benefits/maternity-benefits/

8. https://www.welcometothejungle.com/fr/articles/marque-employeur-ces-entreprises-americaines-qui-misent-sur-le-conge-paternite-pour-faire-la-difference

Lorsque les hommes ont des congés de quatre mois, le sujet n'est plus tabou. L'absence est longue pour toute personne à l'arrivée de son enfant. Elle ne concerne plus uniquement les femmes qui ne sont pas plus pénalisées que les pères du fait de leur maternité. Recruter dans son équipe un collaborateur ou une collaboratrice en âge d'avoir des enfants ne fait plus de différence. Dans les entreprises qui ont allongé le congé maternité, on voit l'impact sur le bien-être des femmes. Lorsqu'elles rentrent de congé maternité, leur enfant a 5 mois, et elles sont beaucoup mieux physiquement, moins fatiguées, plus aptes à se relancer professionnellement. Ces mesures font une différence très importante sur le bien-être des deux parents et sur l'égalité hommes-femmes.

Et après ?

La garde et l'organisation sont le plus grand cauchemar des parents et le sujet se pose dans la durée, tant que les enfants ont besoin d'être accompagnés (sur leur lieu de garde, à l'école et à leurs activités extrascolaires).

Pour un accompagnement dans le choix et la mise en place du mode de garde

Le focus actuel des politiques est très concentré sur les crèches : 150 000 places en crèche ont été créées entre 2000 et 2016[9]. Mais quand les deux parents travaillent avec des horaires différents de

9. https://www.insee.fr/fr/statistiques/4652808

ceux d'une crèche, il peut être préférable d'adopter une garde à domicile. Et là, tout devient plus compliqué : il faut trouver et salarier une personne de confiance pour s'occuper des enfants chez soi. Les parents font alors l'expérience de nombreux obstacles, notamment ils ne sont aucunement formés juridiquement et peuvent se retrouver aux prud'hommes par simple ignorance des nombreuses règles du droit du travail. Il faut les aider pour qu'ils puissent embaucher en tant qu'employeur particulier plus sereinement, de même qu'il faudrait faciliter le recrutement, la formation, la gestion des feuilles de paie des gardes d'enfants mais aussi les procédures de fin de contrat qui souvent empoisonnent la vie des parents.

Les embûches sont telles que les parents peuvent renoncer à cette option de garde à domicile non pour des raisons financières (car ça reste un obstacle majeur malgré les aides) ou de disponibilité mais pour des raisons de complexité de gestion. Un accompagnement facilité par une structure externe telle que la Fepem (Fédération des particuliers employeurs de France) devrait être systématisé pour permettre de développer ce type de garde qui est coûteux mais adapté aux parents actifs.

Par ailleurs, la garde d'enfant est aussi souvent ponctuelle : enfant malade, imprévu de dernière minute, retour tardif à la maison, cours de sport, dîner en couple… Certaines communes offrent des listes pour mettre en relation baby-sitters et parents. On peut saluer les communes qui trouvent des jeunes mais aussi des professionnels de santé (comme des sages-femmes en formation sur Lille) intéressés par ce type de prestations.

Pour une prise en charge collective de la gestion des activités extrascolaires

Le sujet sans doute le moins couvert concerne pourtant ce qui va devenir le casse-tête des parents pendant les cinq à dix années suivantes : les activités extrascolaires. Les inscriptions se font en présentiel et en journée, et l'accompagnement hebdomadaire s'effectue à des horaires incompatibles avec le travail, si bien que de nombreux parents renoncent à des activités pour leurs enfants et culpabilisent de priver ces derniers à cause de leur travail.

Il faudrait que les inscriptions soient simplifiées. Même si cela commence à se faire (dans certains conservatoires par exemple), nombre d'activités nécessitent encore de se rendre sur place pour retirer un dossier puis revenir pour le remettre une fois complété avec toutes les informations nécessaires (inscription dans un club de foot ou des associations de jeunesse et sport locales). C'est certes ponctuel, mais le début d'année est un moment extrêmement lourd organisationnellement parlant pour les parents actifs.

Le plus compliqué reste l'accompagnement tout au long de l'année, souvent plusieurs fois par semaine dès que l'activité est un peu poussée. Comment faire pour récupérer son enfant à 16 h 30 à l'école pour le déposer au foot ou à la poterie à 17 heures ? Cela est compliqué et exerce une pression colossale sur les parents lorsqu'ils le font. On pourrait imaginer que les activités soient mieux intégrées à l'école, que la récupération des enfants soit organisée par la collectivité pour les déposer au stade, au gymnase, à la bibliothèque ou au conservatoire... Cela se pratique déjà pour la piscine avec l'école par exemple.

Certaines communes[10] prennent en charge les enfants à la sortie de l'école pour les accompagner à des activités périscolaires en dehors de l'école. À Paris, des partenariats école/conservatoire permettent aussi cette intégration mais les places sont rares. Tous les enfants peuvent ainsi bénéficier des infrastructures de la commune et des options disponibles quelle que soit leur situation familiale, ce qui remplit évidemment un objectif de mixité sociale non négligeable pour les mairies. Il n'y aurait plus que les enfants qui habitent juste à côté d'un stade, d'un conservatoire ou qui ont un parent disponible pour en bénéficier. Les parents pourraient récupérer leurs enfants soit sur le lieu de l'activité, soit de retour à l'école. Ce qui serait une petite révolution pour les parents qui n'auraient plus besoin de renoncer à ces activités importantes pour leurs enfants ou de se mettre à temps partiel pour les accompagner ; et cela favoriserait bien sûr l'épanouissement des enfants !

Souvent, la question est de savoir quelle activité plaira à un enfant. On l'inscrit à une activité et deux semaines plus tard, il faut l'y traîner, et ce pendant des mois. Comment savoir là où il se sentira à l'aise et aura envie de persévérer ? On choisit pour eux le football ou la danse, souvent portés par des *a priori* (stéréotypes de genre par exemple) ou des modes (la capoeira est très demandée actuellement). Il faudrait leur proposer du multi-activité pour leur permettre de découvrir ce qui se pratique dans la ville. Ils pourraient ainsi choisir ce qu'ils aiment. C'est le

10. Issy-les-Moulineaux et Courbevoie dans les Hauts-de-Seine, par exemple.

modèle de l'année pédagogique offerte aux élèves des conservatoires de certaines villes où l'on initie les enfants à tous les instruments et aux rudiments du solfège, pour leur permettre de se tourner ensuite vers le piano, la batterie, le violon, selon leur préférence et en connaissance de cause. On devrait procéder ainsi en sport et dans toutes les activités manuelles, culturelles et artistiques.

Une autre piste serait d'aider au financement d'activités à domicile comme les cours de musique ou le soutien scolaire qui représentent encore un coût très élevé. Intervenir à domicile facilite la vie des parents qui travaillent.

La nécessité de soutenir les parents actifs dans la durée

La parentalité se joue dans la durée. Comment soutenir les parents de la naissance à l'adolescence ? Qu'est-ce qui peut vraiment les aider à assumer pleinement leur rôle face aux difficultés qu'ils rencontrent ? Comment leur donner confiance malgré un environnement où la transmission entre générations est souvent rendue difficile ? Comment éviter les tensions lors des devoirs quand l'enfant rechigne ? Peut-on laisser un enfant s'autoréguler dans son usage des écrans ? Comment être présent sans être envahissant avec son adolescent ? Quelles clés pour réduire les disputes entre frères et sœurs qui nuisent à l'ambiance familiale ? Les parents sont confrontés en permanence à de nouvelles questions lorsque les enfants grandissent.

Il existe déjà dans de nombreuses communes des accompagnements sous forme de formations ou plutôt de conférences. Les parents devraient pouvoir bénéficier de formations à différents stades du développement de leur progéniture. Lors des accompagnements que je réalise, je vois que les techniques proposées dans la troisième partie de cet ouvrage permettent aux parents de résoudre des conflits, des déséquilibres familiaux, des problèmes de devoirs ou de sommeil en quelques séances. Il faudrait que les parents participent à des formations pour couvrir des sujets aussi fondamentaux que développer la coopération des enfants, accompagner les émotions, agir de façon concertée entre parents, le suivi scolaire, les devoirs et les écrans. Pour les parents actifs, ils devraient pouvoir y recourir plus facilement, notamment au travers de leur compte de formation, le CPF, auquel cotisent les employeurs. Ces formations devraient en faire partie pour faciliter l'accès et le financement de ces formations.

Les parents ont besoin de sentir qu'ils ont les clés pour résoudre les difficultés avec leurs enfants, qu'ils sont actifs dans leur parentalité et qu'ils peuvent trouver des solutions par eux-mêmes quand ce qu'ils font ne fonctionne pas. Les pouvoirs publics ont un rôle à jouer dans la réflexion sur ces sujets et les réponses à apporter tout au long de la vie des parents actifs.

Vers l'entreprise idéale

Les entreprises ont une plus grande liberté d'action que les pouvoirs publics. Elles ont des enjeux de rétention et d'attractivité et sont, de fait, plus réactives pour répondre aux mouvements sociétaux et besoins économiques. Elles peuvent s'adapter plus vite aux besoins de leurs collaborateurs et aux aspirations des potentielles recrues. Un exemple illustre bien cette réactivité des entreprises. Dès 2020, avec le *Parental Act*, 105 entreprises françaises ont décidé d'allonger le congé paternité à 28 jours[1]. L'initiative a précédé la législation. Même si depuis juillet 2021, la loi a prolongé le congé des pères de la même durée, le *Parental Act* a toujours, encore aujourd'hui, une longueur d'avance. En effet, dans les entreprises engagées dans cette initiative, les pères sont entièrement rémunérés sur cette période.

Avec plus de quinze ans d'expérience à accompagner des entreprises et leurs collaborateurs, dans des domaines très variés, notamment le luxe, l'énergie, la grande distribution, les services financiers,

1. 105 entreprises françaises qui agissent en faveur de la parentalité : https://www.welcometothejungle.com/fr/articles/parental-act-conge-paternite

l'immobilier, le conseil, il m'est possible de dresser un état des lieux de ce qui se fait aujourd'hui et qui, au-delà des effets d'annonce, aide collaboratrices et collaborateurs à mieux gérer carrière et vie de famille. Nous verrons quelles sont les mesures qui sont utiles et contribuent au bien-être des parents actifs et comment elles pourraient être étendues pour mieux répondre à leurs besoins.

Les attentes des actifs en pleine révolution

On constate aujourd'hui que les sujets de conciliation entre vie professionnelle et vie personnelle – que l'on soit parent ou non – deviennent un enjeu inédit en entreprise. Dans un article intitulé, « Une licorne proche de ses valeurs », l'entrepreneuse française à succès Mathilde Collin qui a créé Front, une start-up valorisée à 1,7 milliard de dollars, déclarait que ce qui l'avait aidée, c'était de se dire que le travail n'est pas tout. « Mon identité n'est pas d'être seulement la CEO de Front, j'ai d'autres centres d'intérêt, j'ai une famille (…)[2]. » Des propos que l'on n'entendait pas il y a encore quelques années dans la bouche de dirigeants.

Auparavant, les jeunes diplômés recherchaient un poste offrant prioritairement des perspectives de carrière et un salaire attractif. Aujourd'hui, les critères des actifs semblent avoir beaucoup évolué. Les directeurs des ressources humaines et les cabinets de recrutement soulignent que les exigences ont

2. *HEC Stories*, 22 juillet 2022 : https://hecstories.fr/fr/mathilde-collin-h-12-une-licorne-proche-de-ses-valeurs/

changé et que les horaires de travail, la flexibilité d'organisation, les valeurs portées par l'entreprise jouent un rôle tout aussi – si ce n'est plus – important que les considérations salariales.

La recherche de sens est devenue un enjeu majeur pour les actifs. Même si ce concept est flou et très personnel, cette volonté de trouver du sens dans son travail, dans son poste, est nouvelle. « *Plus qu'avant la pandémie, les cadres, les jeunes mais aussi les seniors recherchent du sens à leur activité* », souligne Benoît Serre, le vice-président de l'ANDRH, l'Association nationale des directeurs des ressources humaines. Je vois aussi de plus en plus de jeunes parents qui me disent que l'arrivée de leur enfant a changé leur façon de voir les choses, que le travail est important mais qu'ils ont d'autres priorités maintenant dans leur vie. Cela se traduit par exemple par un déménagement en province ou en grande banlieue pour trouver un cadre de vie plus vert et agréable qu'en ville, quitte à avoir des temps de trajet plus longs pour aller au bureau et donc potentiellement être moins présents sur place.

L'autre évolution est dans l'organisation du couple et les préoccupations exprimées de répartition dans le couple et de présence des deux parents auprès des enfants. Je le constate au quotidien dans les entretiens que j'ai avec de jeunes parents. Ils recherchent une égalité, mais dans les faits, les biais ressurgissent vite et les femmes ont tendance à en faire plus. Mais au moins, le sujet est posé, l'intention est partagée. La prise de conscience s'est faite, et même si l'égalité n'est peut-être pas toujours là, la tendance est amorcée.

Un désintérêt croissant pour l'entreprise

Conséquence ou non de cette évolution des attentes des actifs, on assiste à un désintérêt flagrant pour les carrières en entreprise. Le développement du freelancing, à l'image d'une génération qui veut plus de liberté dans sa façon de s'organiser, illustre bien cette tendance. En France, 930 000 personnes étaient en free-lance en 2018. Une évolution de + 145 % entre 2008 et 2018[3]. À 90 %, les free-lances sont des personnes qui ont travaillé en entreprise avant, mais ont recherché plus de flexibilité, de liberté dans l'organisation, les horaires, le lieu de travail, ainsi que la possibilité de choisir leurs missions et leurs clients. On retrouve ces aspirations chez les collaborateurs en poste ou en recherche de nouveaux postes qui semblent se désintéresser de l'entreprise. Que veulent les actifs aujourd'hui ? Maud Petit-Lagalaye, *Chief People Officer* chez The Kooples et auparavant DRH chez Louis Vuitton, relève, comme bon nombre de ses homologues dans le recrutement[4], de plus en plus de questions sur l'équilibre vie professionnelle et vie personnelle et le télétravail lors des entretiens de recrutement : quels sont les avantages offerts par l'entreprise en matière de qualité de vie au travail et de flexibilité ? Quels sont ses engagements sociaux, sa culture ? Quel est le mode de management en place ?

---

3. *Forbes*, 2 décembre 2019 : https://www.forbes.fr/entrepreneurs/lexplosion-du-freelancing/

4. Selon Michael Page, cabinet de recrutement : https://www.michaelpage.fr/advice/entreprises/s%C3%A9lection-et-recrutement/recrutement-les-attentes-des-nouvelles-g%C3%A9n%C3%A9rations-de

Comment serai-je accompagné(e) pour mener à bien mes missions ? Elle souligne que, si ces questions ne sont pas orientées sur la parentalité, cette dernière deviendra vraisemblablement un enjeu de plus en plus prégnant.

Nous le verrons plus loin[5], les entreprises tentent de répondre à ces nouvelles aspirations en offrant des conditions d'accès simplifiées au télétravail, à des congés sabbatiques, ainsi qu'une plus grande flexibilité des horaires de travail.

Un sujet qui doit être porté par la hiérarchie

Un cabinet d'audit a ouvert sa semaine de la parentalité 2022 par la prise de parole et le témoignage de plusieurs dirigeants sur leur carrière et leur vie de famille. L'un d'eux a ainsi raconté devant ses salariés qu'il quittait les bureaux chaque vendredi à 17 heures pour passer du temps avec son fils. Que les personnes aux plus hauts niveaux de l'entreprise portent ces sujets est une bonne nouvelle. C'est même capital pour insuffler une culture d'entreprise capable de soutenir les parents actifs.

Au niveau des dirigeants

Porter ces sujets « au plus haut niveau », qu'est-ce que cela veut dire concrètement ? Tout d'abord les dirigeants doivent être exemplaires, c'est-à-dire s'appliquer à eux-mêmes ce qu'ils préconisent. En montrant

5. Voir *infra*, « Soutenir la parentalité dans la durée ».

l'exemple, ils autorisent les salariés à en faire de même. Un père travaillant à Paris pour un des géants américains de la tech reconnaît qu'il a pris son congé paternité de quatre mois parce que son responsable l'avait lui-même fait quelques mois auparavant. C'est aussi valable pour la question des horaires : les horaires de travail font partie de la culture d'entreprise. Avoir la possibilité de partir parfois plus tôt pour s'occuper d'un enfant malade, parce que c'est son anniversaire ou pour assister à un spectacle de fin d'année ne peut être spécifié dans un règlement ; c'est par la pratique des collègues – et donc en premier lieu des dirigeants – que cette possibilité devient réelle : si personne n'y a recours, il sera difficile à un salarié de se l'autoriser. Les dirigeants doivent donner l'impulsion, montrer l'exemple afin de permettre aux autres de le faire.

> *Emmanuelle est dirigeante d'une société de plus d'un millier de salariés. Elle raconte comment, à son arrivée, certains collaborateurs ont cherché délibérément à se mettre en avant en étant les derniers à partir du bureau. Elle a vite mis les choses au point. Elle a communiqué sur le fait qu'il ne servait à rien de faire de longues heures inutiles. Selon elle, cela desservait même les personnes concernées car ce n'était pas l'attitude qu'elle valorisait. Mais peu de dirigeants ont ces réflexes de management.*

Porter le sujet de la parentalité en entreprise, c'est aussi le traiter dans le « dur », c'est-à-dire dans tout ce qui concerne la progression au sein de l'entreprise, avancement et rémunération compris. Voilà ce qui fait défaut dans beaucoup d'entreprises. L'habitude est d'attendre que la personne rentre de congé maternité ou paternité et refasse ses preuves pour la promouvoir, et de suspendre les bonus et augmentations pendant le congé. De ce fait, on se retrouve avec des différences de salaire ou de niveau hiérarchique alors que l'ancienneté et les responsabilités sont les mêmes. Porter le sujet de la parentalité dans le « dur », c'est donc tenir compte de la réalité des parents actifs en leur assurant :

- l'augmentation des salaires, y compris pendant le congé parental ;
- la promotion pendant le congé parental si les compétences nécessaires ont été validées avant l'absence du salarié.

Ce type de mesures se pratique déjà dans de nombreuses entreprises : c'est possible, équitable et motivant.

Au niveau des managers

La déclinaison de la politique parentalité décidée par les dirigeants passe ensuite par les managers qui forment la clé de voûte de l'entreprise et qui ont le rôle le plus important dans le vécu quotidien des équipes.

Je l'entends trop souvent : les managers, qu'ils soient hommes ou femmes, sont parfois maladroits, négligents, voire blessants avec leurs salariés parents. Même si c'est involontaire, ils peuvent paraître intrusifs ou absents et, en tout cas, ne pas aider les membres de leur équipe.

Le manager est en grande partie responsable du ressenti du salarié concernant la porosité entre travail et vie familiale. De ses réactions et de sa tolérance découlent le bien-être ou au contraire le mal-être des parents actifs qui jonglent entre leurs deux journées. Une sensibilisation est indispensable en la matière. Elle doit porter sur les stéréotypes de genre et les biais inconscients encore très prégnants, sur les droits des salariés parents et les obligations de l'entreprise, mais aussi sur les processus de départs et retours de congés maternité et paternité et sur la gestion des contraintes des collaborateurs parents au sein de l'équipe. Cette sensibilisation doit se faire sous forme de formations proposées aux nouveaux managers mais aussi régulièrement à tous les managers pour partager leurs expériences et les mettre à jour des évolutions en la matière. Et bien sûr, cette sensibilisation accrue ne doit évidemment pas nuire aux salariés non parents, ce qui serait considérablement contre-productif pour tout le monde.

Certains managers sensibilisés à ces sujets veillent à ne pas prévoir de réunion le jour de la rentrée des classes. C'est un soulagement pour les parents qui accompagnent leurs enfants le premier jour et craignent de manquer une réunion importante. Ce sont souvent les petites attentions qui font la différence au quotidien.

L'ensemble des dirigeants et des managers d'une entreprise doivent insuffler l'ouverture d'esprit nécessaire pour tenir compte des spécificités des collaborateurs parents de l'entreprise, de manière à faire émerger une culture d'entreprise « parents-friendly ». Offrir quelques bénéfices n'est pas suffisant, il faut faire vivre ce sujet. Examinons maintenant d'autres pistes pour faciliter au quotidien le bien-être des salariés parents.

Soutenir les parents au moment de la naissance et du retour au travail

Un point en particulier fait la différence pour les parents qui rentrent de congé maternité ou paternité. C'est le soin accordé par l'entreprise à leur réintégration après une absence longue durée, au moment de la reprise du travail. On l'a vu, les parcours lors des départs et retours de congés maternité/paternité sont souvent bien définis mais mal appliqués. Par exemple, l'entretien RH, qui est une obligation légale, est assuré, en revanche l'entretien manager n'est pas systématique, car laissé à l'appréciation du manager. L'absence du manager est un non-sens pour la salariée qui rejoint son équipe après quatre mois (ou plus) sans avoir mis les pieds dans l'entreprise. Il en est de même dans une moindre mesure pour les hommes après une absence d'un mois. Il faut a minima que le manager soit disponible le matin du retour de congé maternité ou paternité pour accueillir le membre de son équipe.

Un entretien en amont de la reprise ?

L'idéal serait d'organiser un échange entre le manager et la collaboratrice ou le collaborateur avant leur retour. Pour l'instant, c'est interdit par la loi. L'entreprise ne peut pas contacter ses salariés pendant un congé, quel qu'il soit. Dans les faits, il a lieu, à l'initiative du salarié ou de la salariée, quand les relations sont bonnes avec le manager. C'est complètement dans l'intérêt du salarié ou de la salariée de le faire et donc à faire si on est concerné.

Certaines entreprises osent s'avancer sur le terrain de la flexibilité et d'une meilleure prise en compte de la parentalité. Les plus remarquées et parfois médiatisées ont été ces dernières années Aviva qui offre 10 semaines entièrement rémunérées aux pères depuis 2017, ou encore le groupe Kering avec 14 semaines de congé paternité depuis 2019 (et on ne peut le taxer d'opportunisme concurrentiel : ses concurrents du domaine du luxe n'offrent aucunement ce type d'avantage). Certaines innovent. Par exemple, Avanade, une joint-venture entre Accenture et Microsoft, propose le « 4/3/3 » aux jeunes pères : les 4 semaines légales complètement rémunérées suivies de 3 semaines de congés payés posées par l'employé et de 3 semaines supplémentaires offertes et payées par l'entreprise. Ainsi, un jeune père, en prenant 3 semaines de congés payés, bénéficie d'un congé de 10 semaines entièrement rémunéré. Cette formule présente l'intérêt de mettre à contribution à la fois le salarié et l'entreprise qui partagent ainsi le coût de ces mesures. Un cabinet d'avocats d'affaires anglo-saxon basé à Paris offre quant à lui, depuis 2019, 22 semaines de congé maternité (au lieu des 16 légales) et 14 semaines de congé paternité. Ces propositions sont destinées au bien-être des parents et à un rééquilibrage hommes-femmes dans l'entreprise pour favoriser l'égalité. Cardif, on l'a vu, propose 28 semaines de congé maternité.

Pour identifier les initiatives qui existent et qui font du sens pour le bien-être des collaborateurs parents, les entreprises au travers de leurs responsables RH et de leurs dirigeants peuvent signer des chartes. Il existe la Charte de la parentalité en entreprise, lancée en 2008 par Jérôme Ballarin avec plus de 700 signataires[6] représentant

---

6. https://www.observatoire-qvt.com/charte-de-la-parentalite/les-signataires/

30 000 établissements et 20 % de la population active ou encore le Parental Challenge[7] créé en 2021 avec 130 signataires couvrant 13 000 salariés. Ces chartes montrent à la fois l'intérêt de ce sujet pour les employeurs et l'importance des initiatives individuelles pour porter ces sujets.

Une alternative pour réduire la pénalité maternelle

Dans certains métiers, alléger la charge de travail des femmes peut être intéressant : il s'agit de leur permettre de reprendre avec des objectifs moins élevés. Pour illustrer ce dernier point, cette idée a été mise en place dans l'enseignement et la recherche, à Jussieu Paris VII. L'année qui suit le congé maternité, une décharge de 50 % des cours est accordée aux enseignantes-chercheuses pour qu'elles puissent continuer à faire de la recherche. Auparavant, comme elles ne pouvaient assurer autant d'heures, elles « sacrifiaient » la partie recherche pour continuer l'enseignement mais cela les pénalisait à long terme. Toutes ces mesures aident à sortir de la pénalité maternelle. Elles sont valables dans de nombreux domaines, notamment dans la vente ou dans tous métiers où il y a des objectifs de vente ou de « chargeable »[8].

---

7. https://parentalchallenge.com/

8. Travail qui peut être rechargé à un client *versus* travail réalisé pour l'entreprise et son fonctionnement interne (typiquement les processus d'évaluation et de promotion internes).

Soutenir la parentalité dans la durée

L'aspect systémique des difficultés rencontrées par les parents actifs reste encore un tabou, hélas, et il faut lutter contre cela.

Libérer la parole en entreprise

Dans le combat quotidien que mènent les parents pour gérer famille et travail, il est crucial de pouvoir parler et échanger. Savoir que l'on n'est pas seul(e) en difficulté, partager les bonnes pratiques et les solutions mises en place dans le jonglage quotidien, bref : partager son expérience est très important. Ainsi, offrir sur le lieu de travail des accompagnements de groupe ou individuels augmente de manière significative le bien-être des salariés.

> *Les participants dans les ateliers que j'anime mentionnent dans leurs feedbacks le soulagement d'entendre d'autres témoignages, et l'importance pour eux de prendre du recul par rapport à leur situation individuelle. Lors d'une table ronde sur le sujet des enfants porteurs de handicap chez Suez, Sophie racontait comment elle avait été aidée lorsqu'un de ses directeurs qui lui-même avait un enfant dans ce cas en avait parlé. Elle avait été libérée de pouvoir évoquer au travail le handicap de son fils, de « sortir du déni dans lequel elle s'était enfermée » comme elle le formule elle-même, et de ne plus garder ce sujet lourd que pour elle. Cela lui a permis aussi de trouver un meilleur équilibre de vie, notamment en discutant avec sa direction et ses collègues. Le soutien mutuel est important mais le préalable est que les individus, s'ils le souhaitent, se sentent libres d'en parler.*

Dans de nombreuses grandes entreprises, les initiatives parentalité sont devenues une pratique courante. Accenture France a signé la Charte de la parentalité en entreprise en 2009[9] et organise des conférences parentalité ainsi que des ateliers de retour de congé maternité ainsi que des ateliers dédiés aux pères ; BNP Paribas a instauré depuis 2013 la Semaine de la parentalité, un événement qui a lieu chaque année avec des interventions de spécialistes (sociologues, coachs parentaux, psychiatres, etc.). Ces conférences bénéficient d'une large audience avec plusieurs centaines de personnes en présentiel et en ligne, ce qui démontre l'intérêt des collaborateurs pour ce sujet. Dans la grande distribution, U Enseigne organise depuis 2021 une conférence et trois ateliers annuels sur des thématiques variées comme les écrans (avec des ateliers par tranche d'âge d'enfant) ou la conciliation vie professionnelle et vie familiale.

Bénéficier sur son lieu de travail d'un soutien et de conseils sur les sujets de préoccupation des parents est très apprécié. Les sujets abordés sont ceux qui font le quotidien d'une majorité de parents, comme la gestion des émotions. Détail intéressant, les thématiques sont de plus en plus fines : de l'allaitement au sommeil des enfants en passant par l'organisation quand on est en horaire décalé avec le coparent. De quoi répondre plus finement aux besoins des uns et des autres et apporter des solutions (ou du moins des pistes) pour améliorer la situation.

---

9. https://www.accenture.com/fr-fr/about/corporate-citizenship/parenting

Faciliter l'organisation des parents actifs au sein de l'entreprise

Ce qui facilite aussi le quotidien des parents, ce sont toutes les pratiques que mettent en place les entreprises. Cela dépend des métiers et de la culture d'entreprise, mais de plus en plus, des actions simples sont retenues. En voici quelques autres exemples, à adapter bien sûr aux obligations de l'entreprise et aux métiers. Il faut garder la réalité du métier et des pratiques des clients.

Certaines entreprises apportent des limites aux journées de travail de l'ensemble de leurs collaborateurs (applicables à tous, pas seulement aux salariés parents). Ainsi, Accenture a instauré une règle qui demande qu'il n'y ait pas de réunion le vendredi. Chez Octo Technology, il n'y a pas de réunion avant 9 h 30 ni après 17 h 30. Alan, une start-up proposant de l'assurance complémentaire santé, a supprimé les réunions et tout le monde travaille *via* des outils collaboratifs où toutes les décisions sont documentées[10].

Certaines entreprises tendent vers le *flexwork* : une plus grande flexibilité du temps et du lieu de travail – télétravail à la carte, temps hebdomadaire de travail réalisé sur 4 ou 4,5 jours (au lieu de 5) pour celles et ceux qui le souhaitent. Accenture propose le travail sur 4 jours ou 4,5 jours par semaine au lieu de 5 jours. L'entreprise offre aussi le congé

10. Blog d'Alan – Jean-Charles Samuelian – Werve, co-fondateur et CEO d'Alan, 8 mars 2018, https://blog.alan.com/bien-etre-au-travail/no-meeting-policy

de priorité personnelle, un congé de trois mois payé à 50 % et sans justifier d'une raison particulière (s'adressant donc à tous les collaborateurs). De quoi permettre aux parents actifs de prolonger un congé maternité/paternité pour passer plus de temps avec les enfants, par exemple pour un suivi scolaire ou pour profiter d'un été en famille.

Bien que limitées à quelques sociétés pour le moment, ces mesures sont des pistes pour une nouvelle articulation entre vie personnelle et vie professionnelle et l'on peut souhaiter qu'elles soient adoptées par un nombre croissant d'entreprises dans les années à venir.

Certaines entreprises proposent des places en crèche. Soit pour les grandes entreprises comme L'Oréal, il s'agit d'ouvrir une crèche dans ou près des locaux de l'entreprise, soit ce sont des places réservées au sein de réseaux de crèches privées (les partenariats se font avec les spécialistes comme Babilou ou Les Petits Chaperons Rouges). Depuis 2003, le développement des places en crèche est favorisé par l'État qui propose une prise en charge partielle du coût par enfant. Ce sont des avantages très importants pour les collaborateurs parents car cela les aide à trouver une solution de garde à un tarif similaire à celui des crèches municipales. Cela présente toutefois deux inconvénients : c'est très coûteux pour l'entreprise (même après déductions fiscales), donc beaucoup de moyens financiers sont consacrés à peu de personnes. Et surtout, l'ensemble des salariés ne peut en bénéficier, soit parce que toutes les places prévues par l'entreprise sont pourvues, soit parce que le réseau n'offre pas de berceau à un endroit pratique par rapport au lieu de résidence du salarié.

Soutenir les parents dont un enfant est porteur de handicap

De nombreux parents sont concernés, à différents degrés, par le handicap d'un enfant. On estime que 1 à 2 % des enfants de 0 à 6 ans seraient porteurs d'un handicap sévère ou moyennement sévère[11], ce qui concerne environ 60 000 à 70 000 enfants. Il y en a beaucoup plus si l'on inclut tous les âges et les handicaps moins invalidants comme les troubles du comportement, les difficultés d'apprentissage. Chaque situation est différente et l'impact sur le travail varie mais il est dans tous les cas réel. C'est le parcours du combattant pour trouver une structure d'accueil spécialisée, remplir les dossiers, se rendre à de multiples rendez-vous médicaux et paramédicaux chez des orthophonistes, psychologues, psychiatres, et autres spécialistes selon la difficulté rencontrée par l'enfant. Les entreprises ont un rôle à jouer dans le maintien dans l'emploi des parents concernés et dans leur équilibre de vie.

Il existe tout un ensemble de mesures visant à soutenir les parents d'enfants porteurs de handicap[12] :

---

11. Haut Conseil de la famille, de l'enfance et de l'âge, « Chiffres clés, enfants en situation de handicap de la naissance à 6 ans », 29 août 2018 : https://www.hcfea.fr/IMG/pdf/chiffres_cles_petite_enfance_handicap-2.pdf

12. Jours de congé à la survenue d'un handicap ou d'une maladie : 2 jours ; jours congés enfants malades : 3 jours non rémunérés sauf si accord d'entreprise ; congé proche aidant : 3 mois non rémunérés jusqu'à un an pour toute la carrière.

jours de congé à la survenue d'un handicap ou d'une maladie, jours enfants malades, congé proche aidant, etc. Le soutien doit se faire au niveau des avantages en jours de congé, c'est nécessaire même si rarement suffisant pour couvrir les besoins, mais aussi dans un accompagnement spécifique pour tenir compte des besoins des personnes concernées. Certains ont besoin de plus de temps au quotidien, d'autres de manière ponctuelle, d'autres ne peuvent gérer les déplacements, etc. Il faut faciliter le télétravail, la mobilité interne, l'aménagement des horaires de travail, et cela ne peut se faire que dans un cadre individuel et personnalisé. Il est important d'avoir des ressources humaines qui prennent ce sujet en main et se concertent avec les managers des personnes concernées.

C'est ce que fait Natacha Philippot, responsable des ressources humaines chez Avanade. Elle rencontre de nombreux parents concernés par des soucis de santé ou de développement de leurs enfants (enfants affectés par la trisomie 21, atteints de cancer dès le plus jeune âge, nés avec une malformation cardiaque...). Elle trouve avec eux des solutions individuelles et spécifiques afin d'adapter le rythme de travail des parents d'enfants gravement malades ou porteurs de handicap. Par exemple, Aurélien (son prénom a été modifié), dont le fils est affecté par un trouble du spectre autistique, bénéficie d'un aménagement de son emploi du temps depuis maintenant deux ans. À trois reprises, et afin de s'adapter à ses contraintes, son organisation a été revue pour que, sans perte de salaire, il puisse faire toutes les visites nécessaires au suivi de son fils. Pour que cela soit possible, le directeur de l'entité dont dépend Aurélien est aussi impliqué et lui-même fait en sorte que ce soit possible dans le cadre de la mission et vis-à-vis du client.

La santé mentale des jeunes, un sujet de santé publique

La santé mentale des jeunes est, de plus en plus, un souci pour les parents. Les chiffres montrent un accroissement du nombre de cas de dépression ou de troubles importants du comportement. Un article de Santé publique France de janvier 2022 souligne que le nombre de passages aux urgences pour des idées et gestes suicidaires chez les adolescents est à des niveaux nettement supérieurs à ceux d'avant la pandémie[13]. Les parents concernés par ces situations sont plus nombreux et ne peuvent pas juste continuer à travailler comme si de rien n'était. Ils ont besoin de temps pour leur enfant et son suivi psychologique et médical. Là aussi, les entreprises peuvent jouer un rôle en facilitant la prise d'un rendez-vous en journée ou un aménagement de l'emploi du temps du collaborateur ou de la collaboratrice concernée.

Il faut faciliter la conciliation pour les parents qui travaillent et sont aussi les aidants d'un ou plusieurs enfants. Sinon, on perd une partie des personnes qui auraient besoin de travailler mais ne peuvent le faire du fait des contraintes liées au suivi de leur enfant, ce qui peut entraîner une précarisation des familles.

Dans cette partie, nous avons envisagé les améliorations qui pourraient être apportées par les différentes parties prenantes, les entreprises, les collectivités locales et l'État. Ces propositions ont

13. Santé publique France : https://caf.fr/allocataires/vies-de-famille/articles/la-crise-sanitaire-impacte-la-sante-mentale-des-adolescents

été discutées avec des responsables des ressources humaines, des conseillers municipaux, des directeurs d'observatoire et de nombreux parents actifs. Elles sont souvent des élargissements de mesures prises aujourd'hui de manière encore trop discrète. Elles sont réalistes dans leur application, à condition d'être prises au sérieux par tous.

CONCLUSION

Sortir du mythe du wonderparent est un enjeu de taille.

Tout d'abord, l'enjeu est individuel. Chaque parent actif a besoin de mieux comprendre la pression systémique qui pèse sur ses épaules et qui l'entraîne dans la spirale infernale du stress et de la culpabilité. Comprendre comment la société a évolué pour en arriver à créer le mythe du wonderparent permet de prendre le recul nécessaire pour commencer à alléger la pression écrasante sur les parents actifs et sortir de la double injonction du travailleur parfait et du parent entièrement disponible pour ses enfants. Savoir que des milliers d'autres parents vivent des émotions et des situations similaires, c'est aussi – et c'est crucial – se sentir moins seul(e) et savoir qu'il est normal de se sentir dépassé(e). Ce n'est pas une incapacité individuelle : nous portons tous, collectivement, en tant que société, la responsabilité de cette pression qui pèse sur la parentalité active et donne l'impression à chacun de ne pas être à la hauteur.

L'enjeu de la sortie du mythe du wonderparent est aussi et avant tout sociétal. On a besoin de parents libérés de leur stress et de leur culpabilité, car c'est la condition pour avoir un rôle actif et apaisé auprès des enfants comme au travail. Cela est nécessaire pour le bien-être au quotidien des enfants et pour leur santé mentale à long terme. Les enfants d'aujourd'hui sont les adultes de demain, ils ne peuvent payer les pots cassés d'une société qui rend leurs parents indisponibles et malheureux. De plus, la société a besoin de personnes compétentes. On a beaucoup à perdre collectivement à exclure des personnes du marché de l'emploi ou des métiers intéressants, porteurs ou à responsabilité, sous prétexte qu'elles sont parents.

Au-delà de la prise de conscience, qui est la première étape, il est urgent d'agir et de progresser sur ces sujets. Individuellement, vous pouvez commencer par pousser les limites, oser faire bouger les règles, au travail comme à la maison. Cet ouvrage vous a proposé des clés qui se sont révélées utiles à des milliers de parents contraints de bricoler au quotidien pour aménager une vie de famille dans une vie professionnelle déjà plus que bien remplie.

Attention, je le répète : ces outils sont des pistes, pas des injonctions supplémentaires. À chacun de se les approprier, et surtout de les essayer au quotidien. Testez et appréciez ainsi par vous-même ce que cela peut vous apporter en sérénité et bien-être. Constatez les progrès dans votre équilibre entre travail et vie de famille et auprès de vos enfants. Cela vous aidera à avancer malgré les difficultés qui demeurent – puisqu'elles sont systémiques. Ensuite, il faut agir collectivement pour créer, à terme, un mode de vie supportable par les parents qui travaillent : au plus haut niveau de l'État, dans les comités de direction et auprès des managers, dans les organisations syndicales et dans les collectivités locales. Il est nécessaire que tous les acteurs aient une réflexion globale sur le soutien à la parentalité active et fassent avancer la société sur ce sujet.

Chacun, à son niveau, peut exercer une influence. Ne vous découragez pas et ne cessez jamais d'essayer de faire advenir les changements qui s'imposent : pour qu'enfin nous cessions de travailler comme si nous n'avions pas d'enfants, et d'élever nos enfants comme si nous n'avions pas de travail.

BIBLIOGRAPHIE

Céline Alix, *Merci mais non merci. Comment les femmes redessinent la réussite sociale,* Paris, Payot, 2021.

Judith Aquien, *Trois mois sous silence. Le tabou de la condition des femmes en début de grossesse,* Paris, Payot, 2021.

Isabelle Filliozat, *Il n'y a pas de parent parfait,* Paris, JC Lattès, 2008.

Dr David Gourion, *La Fragilité psychique des jeunes adultes. 15-30 ans : prévenir, aider, accompagner,* Paris, Odile Jacob, 2015.

Catherine Gueguen, *Pour une enfance heureuse. Repenser l'éducation à la lumière des dernières découvertes sur le cerveau,* Paris, Pocket, 2015.

Philippe Jeammet, *Pour nos ados, soyons adultes,* Paris, Odile Jacob, 2010.

Jean-Claude Kaufmann, *Agacements. Les petites guerres du couple,* Paris, Le Livre de Poche, 2007.

Tiphaine Mayolle, *La Parentalité en entreprise expliquée à mon boss,* Annecy, Kawa, 2020.

Anne Peymirat, *Je ne crie plus, je ne répète plus, je ne râle plus… je gère !,* Paris, First, 2014.

Anne Peymirat, *Débranchez vos enfants,* Paris, First, 2017.

Anne Peymirat, *T'as fait tes devoirs chéri ? Transformer le cauchemar des devoirs en plaisir d'apprendre*, Paris, First, 2019.

Marshall B. Rosenberg, *Les mots sont des fenêtres (ou bien ce sont des murs)*, Paris, La Découverte, 2005.

Olivier Sibony, *Vous allez commettre une terrible erreur !*, Paris, Flammarion (Champs), 2019.

Dr Marie Thirion et Dr Marie-Josèphe Challamel, *Le Sommeil, le rêve et l'enfant*, Paris, Albin Michel, 1988.

REMERCIEMENTS

Je remercie toutes les personnes dont les témoignages et parcours de vie m'ont inspirée pour écrire ce livre. Parmi elles, un merci particulier à Caroline D., Violaine K., Anne L., Christine R., Déborah P., Yann A., David D., Jonathan T., Marine V., Emmanuelle B., Natacha P., Loïck B., Carole C., Emmanuelle M., Laetitia A., Anne-Laure P., Sophie D., Capucine D., David D., Yaël D., Luisa L., Caroline M., Jocelyn P., Lynda B., Salima M., Mayssa S., etc. Cette liste ne saurait être exhaustive.

Je remercie tou(te)s les responsables RH et dirigeant(e)s d'entreprises qui ont fait appel à moi pour accompagner leurs collaborateurs et collaboratrices sur la parentalité au sein de : Accenture, Allianz Partners, Allen & Overy, Avanade, BNP Paribas, Cardif, Crédit Agricole, Dassault, Kering, Louis Vuitton, Octo Technology, Suez, U Enseigne, etc.

J'ai une immense gratitude pour Noel Janis Norton qui a transformé notre vie de famille et m'a motivée pour prendre le chemin de l'accompagnement des parents.

À mon mari Christophe qui a toujours été mon premier soutien dans mes projets, et à mes quatre enfants qui éclairent mes journées.

À Laure-Hélène Accaoui pour son soutien sans faille tout au long de la rédaction de cet ouvrage.

TABLE

QUATRIÈME PARTIE

Pour une révolution de la parentalité active

pca
cmb
édition pré-presse
livres numériques

44400 Rezé

IMPRIM'VERT®

Achevé d'imprimer
en décembre 2022
par Corlet Imprimeur
14110 Condé-en-Normandie

Dépôt légal : décembre 2022
N° d'Imprimeur : 22100128
Imprimé en France